# 個人年金保険の研究

長沼 建一郎 著

法律文化社

## はしがき

　本書を執筆する目的は、以下の3点にまとめられる。すなわち第1に、個人年金保険の商品内容を紹介することである。第2に、その個人年金保険の内容を介して、年金に関するいわゆる公私の役割分担論に向けた検討の視角を提供することである。第3にこれらを通して、個人年金保険をめぐる議論にあらわれる、日本の社会保障にかかる論点を浮き彫りにすることである。以下ではそれぞれについて、少しずつ説明を加えておきたい。

　第1に、生命保険会社による個人年金保険の商品について、その基本的な内容を分かりやすく紹介することが、本書の一義的な目的である。

　年金をめぐる議論においては、私的年金への期待が語られることが多い。しかしその割には、日本で現実に行われている私的年金——とりわけ個人年金保険の内容や実情について、紹介される機会は乏しい。

　日本ではすでに、さまざまな個人年金商品があり、一定程度は普及している。たとえば本書が中心的に扱う生命保険会社による個人年金保険は、約2000万件の保有契約、約64兆円の資産（保険料積立金）規模を有している（2013（平成25）年度末）。

　しかしこれらについては正確に紹介されていないばかりか、極端な誤解も少なくない。とくに終身年金に関しては文献によっては、逆選択を伴うために市場が成立しないとか、民間の保険会社では供給できないという記述までみられる。しばしば議論の前提とされる、私的年金や、そのなかでも終身年金が普及していないという点についても、統計上の論拠は薄弱である。

　純粋に理論的な検討ならまだしも、実際の年金をめぐる議論においてこのような記述がされるのは、個人年金保険についてのきちんとした紹介が不足しているためでもあろう。だから独自の検討・主張等よりも前に、まず議論の前提として、個人年金保険についての基本的な内容はまとめて提示しておく必要が

あると考えた。

　第2に、このような個人年金保険の商品内容を踏まえることで、年金に関するいわゆる公私の役割分担論に対して、何らかの視角や視点を新たに付け加えることができるように思う。

　年金の公私分担論は、折にふれてクローズアップされるが、そこでの「私的年金」というものが十分にイメージアップされたものではないために、ややもすれば抽象的・理念的な議論にとどまりがちである。

　たとえば公私分担論において、私的年金に期待されるのが主として「上乗せ」機能なのか、「つなぎ」機能なのかがしばしば議論される。それはもちろん重要な論点であるが、そのようないわば相反する立論が繰り返し主張されるのは、抽象的には両説ともに十分成り立ち得るからでもあろう。

　また公的年金が財政的にもかなり厳しいことから、自助努力の重視、私的年金へのウェイトのシフトが説かれ、それに対する税制優遇の必要性がしばしば強調される。しかしそのような自助努力支援は、「自助努力できる（その余裕のある）層」にしか届かない——俗にいう金持ち優遇になりかねない——ことには、改めて留意する必要がある。少なくとも年金や社会保障を学問的に論じる立場からは、そのことにより所得再分配の面でもたらされる帰結について、自覚的に検討しておくべきであろう。

　あるいは私的年金への税制優遇に関しては、その対象を、終身年金に限るべきかどうかがやはりしばしば議論される。しかしそのような「終身年金に限るか、それ以外にも認めるか」という二分法に、論点が集約されるかどうかは疑問であり、逆に個人年金保険の実際に即してみれば、税制にかかる検討についてもより議論や設計の幅を広げる可能性・必要性があるように思う。

　あわせて前述したように、そもそも私的年金、あるいはそのなかでも終身年金が普及していない、という点が議論の前提となりがちだが、その前提自体についても検証を要しよう。

　もちろん私的年金は、保険会社の個人年金保険に限られるものではない。現在の個人年金保険の状況いかんにかかわらず、確定拠出年金のときがそうで

あったように、諸外国を見習って、新たな私的年金スキームが創設されることなども十分考えられる。ただそれにしても、すでに行われている個人年金保険の現状と、それが抱える課題をみておくことは、無意味ではないだろう。

　第3に、個人年金保険と、そのかかわりでの年金に関する公私の役割分担論の分析・検討を通じて、年金や社会保障全般にかかる重要な論点や、その日本的な特質・バイアスを浮き彫りにできるところがあるように思う。
　それは個人年金保険が「年金商品」であり、「保険商品」でもあることから、これをめぐる諸議論に、日本の年金や保険にかかる議論の特徴が端的にあらわれる面があるためである。別のいい方をすれば、個人年金保険という小さな窓から眺めることで、日本の社会保障という大きな領域について、新たな景色がみえるのではないかということである。
　たとえば日本人は「保険好き」といわれながら、「元本割れ」、「掛け捨て」を極端に嫌うという両義性が、個人年金保険をめぐっては端的にあらわれてくることになる。あるいはしばしば流通している「公的年金は、長生きリスクに備える仕組みである」という説明は、間違っているわけではないが少なくとも一面的であることが、個人年金保険の商品構造をみることで理解できる。
　保険や社会保険では、①あらかじめ保険料を払い、②保険事故が生じたときに、③保険給付が行われる、というのが基本的な形である。とりわけ保険事故という概念をスキームの中核に位置づけることで、貯蓄スキームとは截然と分かたれる。しかし日本ではこの「①→②→③」という形もやや「なだらか」になっており、そのため保険／貯蓄の区別があいまいで、そのことがもろもろの政策的な議論にも影響を与えている。日本の社会保障においては、社会保険が中核的な位置を占めているが、それが見方によっては「型崩れ」していることが、個人年金保険に1つの軸足を置いて公私分担論を眺めることでみえてくる可能性がある。

　これらのことから本書では、日本における個人年金保険の商品内容の概略を述べるとともに、それらが年金に関する公私の役割分担論に対して持ち得る示

唆について——さらには年金や社会保障全般に与え得る示唆について——検討することを通じて、ひるがえって年金や社会保障政策を考えるための手がかりや材料を提供できればと思う。

　とりわけ近時、諸外国の私的年金の動向についてはしばしば紹介されているにもかかわらず、日本の個人年金保険自体に焦点をあわせた研究や、そこに軸足を置いての公私分担論の研究がほとんどみられないことから、その空隙を少しでも埋める役割を果たせればと願うものである。

　もとより個人年金保険にせよ、年金に関する公私の役割分担論にせよ、多様なアプローチ、さまざまな角度からの分析・検討が可能かつ必要であり、しかし筆者の能力はきわめて限られている。本書は年金や社会保障を論じる立場から、主として法制度的な観点を中心に現行の個人年金保険について若干眺めてみたにとどまる。あくまで1つの踏み台ないし捨て石として、今後のよりすぐれた検討に資することがあればと思う。

　　　2015年2月

　　　　　　　　　　　　　　　　　　　　　　　　　長沼　建一郎

目　　次

はしがき

プロローグ ──────────────────────────── 1

# 第1章　問題の所在と本書の構成 ──────────── 5

　　第1節　私的年金をめぐる現状についての基本的認識　5
　　第2節　個人年金の認識や理解への率直な疑問　10
　　第3節　本書の構成　18

# 第2章　個人年金保険の概要 ────────────── 23

　　第1節　いわゆる個人年金の諸相　23
　　第2節　個人年金保険の商品内容　27
　　第3節　個人年金保険の普及動向　46
　　第4節　個人年金保険の税務取扱　57
　　〔補説〕　諸外国の私的年金の動向　60

# 第3章　個人年金保険の商品性とその位相 ─────── 65

　　第1節　緒　説　65
　　第2節　個人年金保険の商品性　68
　　第3節　個人年金保険の位相　77
　　第4節　年金領域における貯蓄類似性──まとめに代えて　80

v

## 第4章 「長生きリスク」と終身年金 ―――――― 83

第1節　緒　　説　83
第2節　終身年金の過小需要と逆選択論　84
第3節　個人年金保険の仕組みと年金種類　86
第4節　年金種類の価格面での比較　90
第5節　年金政策論への示唆――まとめに代えて　94

## 第5章 個人年金保険／私的年金に対する税制優遇の論拠 ―――――― 99

第1節　緒　　説　99
第2節　現行の個人年金保険料控除の位置づけ　100
第3節　税制優遇の論拠(1)――公的年金との関係　103
第4節　税制優遇の論拠(2)
　　　　――個人年金保険の位置づけに即した説明の可能性　107
第5節　公／私の切断と、保険／貯蓄の切断
　　　　――まとめに代えて　119

## 第6章 個人年金保険／私的年金に対する税制優遇の要件と方法 ―――――― 127

第1節　緒　　説　127
第2節　税制優遇の対象(1)――公的年金との関係で　128
第3節　税制優遇の対象(2)――具体的要件の設計　134
第4節　税制優遇の方法ないし手法　146
第5節　実務的な諸問題　152
第6節　私的年金にかかる政策の特徴――まとめに代えて　160

## 第7章 トンチン型終身年金の今日的な意義 ──── 163

第1節 緒　　説　163
第2節 終身年金のその後の曲折　164
第3節 トンチン型の終身年金の今日的な意義　169
第4節 認知症と終身年金　174

## 終　章　総括に代えて
　　　　──個人年金保険と日本の社会保障 ──── 179

あとがき
索　引

## ❖プロローグ❖

「青年のときは
　軍国主義の合唱に耳をふさいで
　死んだふりをしていればよかったが
　老人年金をもらうようになってからは
　生きているふりをしなければならない」

(田村隆一「羽化登仙」)

　田村隆一は戦後荒地派を代表する詩人だが、この詩が収められている生前最後の詩集のタイトル『1999』は、自分は21世紀をみないという予告とも取れるものだった。そして実際に田村は1998年に75歳で世を去ったが、ここでは端無くも２つの世紀が鮮やかに対照されている。

　20世紀の国民の主たる関心は戦争だった。それがいまや年金である。21世紀を迎え、国民の主たる関心は、生死にかかる「恐怖」から、なんと生死にかかる「給付」に移ったのである。

　もちろん年金をもらうために「生きているふり」をするという表現には、田村隆一らしい諧謔があらわれているが、その裏には老残ともいうべき悲惨さがにじむ。そして実際に21世紀になってみると、死んだ親が生きていることにして、年金を詐取するという話までもが噴出したのである。

---

1) 詩集『1999』(集英社、1998年)の最後は、こう締め括られている。
　「さよなら　遺伝子と電子工学だけを残したままの　人間の世紀末　1999 」
　生と死をめぐる世紀を跨いだ対極も、すでにこの『1999』に予言されていたのである。

ところでこのように生きていれば年金が支払われて、死亡したら年金は支払われなくなるというのは、あたり前のようでもある。実際に公的年金（老齢年金）ではそうなっている。

　しかし必ずしも年金すべてがそうではない。たとえば公的年金では、被保険者が亡くなった後も遺族年金が一定の範囲で支給される。これは遺族への生活保障という趣旨ではあるが、「掛け捨て対策」ということでもあろう。ずっと保険料を払い続けた被保険者が、早く亡くなってしまうと大幅に保険料の「払い損」になるからである。

　私的年金では、これとさらに離れていく。たとえば生きていても、一定の期間で年金の給付が打ち切られる年金種類があり（確定年金と呼ばれる）、むしろそれが私的年金のなかでは主流でもある。年金ではなく一時金での受け取りも多く行われている。

　生きている限り、死ぬまでずっと支払われる年金種類を、終身年金という。つまり公的年金は終身年金が基本であり、私的年金では必ずしもそうではない（むしろ少ない）ことになる。年金に関するいわゆる公私の役割分担論においては、この終身年金が1つの議論の軸となっており、本書でもこれが重要な位置づけを占めるだろう。

　もっともそれは、見方によっては奇妙なことでもある。個人「年金」というのに、その多くは一時金であったり、その何年かでの分割払いのようなものだったりするのである。年金を議論しているのに、それが死ぬまで支払われるかどうかが論点となること自体、不思議ともいえる。生死にかかる「恐怖」から、生死にかかる「給付」へという駄洒落に悪乗りして、アウシュヴィッツを生き延びたプリーモ・レーヴィの「これが人間か」とのフレーズ[3]になぞらえて

---

2）　この「生きているふり」との表現は、田村隆一の代表作「立棺」との対照を想起させるものでもある。
　　「わたしの屍体を地に寝かすな　おまえたちの死は　地に休むことができない　わたしの屍体は　立棺のなかにおさめて　直立させよ」
　　この戦後詩の歴史に屹立する一編における生／死（屍体）の対比と、年金をめぐる生死の対比との懸隔は限りなく深い。

いえば、「これが年金か」という問いが、結果的には本書の1つの基調をなしているのかもしれない。

　それにしても、私的年金のなかでも本書のテーマである「個人年金保険」は、とかく忘れられがちな——あるいは無視されがちな——存在である。年金全体が、これだけ大きな政策的な争点となっていても、それは依然としてそうなのである。まだしも雑誌や実務書などで「どういう個人年金が得か、損か」という形で取り上げられる機会はあるものの、学問的な分析や政策的な議論においては、視野に入らないのか、それともあえて無視されているのか、不思議なほど素通りされてしまう。現実にある個人年金保険よりも、むしろ「新たな私的年金スキームによる自助努力奨励・税制優遇制度の拡充」に向けて、多大な関心が寄せられているのが現状である。

　もちろん低金利ということもあり、とくに新規に加入する対象として個人年金保険は魅力に乏しく、注目されなくなっているということもあるのだろう。（とりわけ2001年から設けられた確定拠出年金への税制優遇が大きいこともあり、税制メリットも相対的に魅力を失っている。）ただ、すでに約2000万の契約件数、約64兆円の資産（保険料積立金）規模がある個人年金保険について、一応の現状や、それが抱える課題などをおさえておくことは、もろもろの議論に対しても、何らかの示唆を与え得るものだと考える。

　すなわち本書は、もっぱら筆者の考えや主張の展開や、その裏付けのために個人年金保険の内容を紹介するものではない。むしろまずもって現在の個人年金保険の内容（その現状や抱えている諸課題）を広く知ってもらったうえで、そのことを踏まえて諸議論が——それがどのような方向・内容の議論であるにせよ——展開される方が望ましいのではないか、ということである。

　しかしそれでも最初に、筆者自身の問題意識を率直に開示しておくのが誠実であろう。本書の中心的な趣旨が、個人年金保険の内容について紹介すること

---

3）　プリーモ・レーヴィ〔竹山博英訳〕『アウシュヴィッツは終わらない』（朝日選書、1980年）の原題であり、同書は「これが人間か、考えてほしい」とのフレーズからはじまる。

にあるとしても、筆者自身の問題意識の持ち方により、その紹介の仕方も影響を受けるはずだからである。

　以下、本編ではまずその点について述べることからはじめたい。

## ❖第1章❖

## 問題の所在と本書の構成

### 第1節 私的年金をめぐる現状についての基本的認識

　現在、私的年金をめぐって、以下の3つの政策的なテーゼが広く主張されているように思う。すなわち、
　(ア)　老後保障には、公的年金だけではなく、私的年金との組み合わせで対応していくべきである。
　(イ)　そこで私的年金による自助努力を奨励する必要があり、そのために私的年金に対する税制優遇を拡充すべきである。
　(ウ)　具体的には諸外国（とくにアメリカ、イギリス、ドイツ等）を参考に、日本でも政策的な対応を図る必要がある。
というような内容である。
　これらは相互関係にあり、また最終的には妥当する部分も少なくないものの、それでも各テーゼについて、若干の基本的な疑問ないしは留保を述べておきたい。

### 1．公私の組み合わせ
　第1のテーゼ（公私の年金で老後保障に備えるべきであること）は、ある意味では当然のことではある。公的年金だけで、老後生活の保障をすべてカバーするというのは理想論としてはあっても、およそ現実的ではない。
　ただこのテーゼの主眼は、老後保障の方法としては公的年金以外にも、貯蓄

や他の資産の取り崩し、あるいは部分的な就労や子どもによる扶養等いろいろあり得るが、そのなかでも「私的年金で」対応しようという点にみるべきかもしれない。

とはいえ、その種の主張はかねてよりずっとされている。これが近時、改めて強く主張される背景には、政策的な方向性として、公的年金の維持・持続可能性の問題、あるいは端的に公的年金の守備範囲をおさえる必要性が含意されているといってよい。(あわせて財政方式としても、公私の混合(賦課方式と積立方式の組み合わせ)が望ましいという主張もかねてよりされている。)

もちろんそのことも本格的な高齢社会に向けては、やむを得ないのかもしれない。しかし、それで公的年金から私的年金に「ウェイトをシフトさせる」という方向まで正当化されるかどうかは、必ずしも自明ではない。つまり静態的な議論として、年金は公私の双方で賄うしかないというのは事実だとしても、さらに動態的な議論として、公的年金の守備範囲をおさえて、さらには給付を削減してむしろ私的年金の「ウェイトを高めるべきだ」というのであれば、その実質的な(ないしは理屈立った)論拠があってしかるべきであろう。いうまでもなく私的年金は、基本的に全員加入ではなく任意加入であり、いいかえれば「自助努力を行う余裕がある層だけが、私的年金に加入する」という帰結を生む可能性があるからである。

**《所得再分配機能の行方》**

とりわけ公的年金には、いわゆる所得再分配機能が内在している。それは世代間だけではなく、世代内でもそうである。すなわち一方では報酬比例部分の存在により、現役時代の格差を老後に「持ち越す」機能を有しているものの、同時に基礎年金等を通じて格差を縮小させる機能も持っている。これに対して私的年金においては、そのような垂直的な所得再分配機能は一切ない。したがって公的年金から私的年金にウェイトをシフトさせるということは、それだけで、所得再分配機能の縮小を意味する。そのこと自体が必ずしも「よくない」とはいいきれないにせよ、少なくともその点を意識して議論する必要がある。

もっともその分、残された（縮小された）公的年金のなかで所得再分配を強めればよいとか、あるいはそもそも所得再分配機能は税制が担うべきだという議論はあり得よう。とりわけ世代間（現役世代から引退世代へ）の所得再分配については批判も強い。ただいずれにせよ、現在の公的年金が果たしている所得再分配機能は大きいものがあり、これをどう評価するかは無視できない論点であるはずである。

## 2. 自助努力の奨励・優遇

　第2のテーゼ（私的年金への税制優遇の必要性）については、これもかねてより「自助努力支援」ということがいわれつづけている[1]。

　しかしそこで改めて、なぜ自助努力したものだけを優遇することが正当化されるのかという点は、精査される必要がある。一定の貢献への評価ないしはインセンティブとして、税制優遇を行うこと自体は是認され得るとしても、基本的に私的年金は任意加入である以上、余裕のある層だけが加入して、それらの加入者だけが税制のメリットを受けるということになり、逆に自助努力を行う余裕のない層を切り捨ててしまう――俗にいう金持ち優遇になる――可能性があるからである。そのことが悪いとまではいいきれないにせよ、自助努力したくてもできない、そんなことを考える余裕もないということも多いなかで、なぜそれらの層を切り捨てていいのかという議論は必要であろう。

　より一般的には、国民全般があらかじめ老後に向けて自助努力しないと、のちのち国の生活保護の財政を圧迫する、ということもいわれる。それはそれで正当な指摘かもしれないが、もとを辿れば公的年金制度はそのようなことがないためにスタートしたともいえるはずで、話の順序が逆のようでもある。

《優遇財源の由来》

　また仮に、公的年金の財源が苦しいので、私的年金にシフトするのだとする

---

[1]　もっともその時々で、強調される度合も背景も異なる点には留意を要する。第3章（第1節および註1）をあわせて参照。

と、それでどうして私的年金への税制優遇の財源が捻出できるのかは率直な疑問としてある。

いうまでもなく税制優遇とは、税収の減少を意味しており、それは裏返せば税財源により積極的に支給を行うのと実質的には同じ財政的効果をもたらすはずのものである。(いわば「裏からの」、「消極的な形での」給付だといえる[2]。)

もちろん「カネの出所が違う」といえばそれまでだが、たとえ所管する省庁や予算費目、予算勘定の在処が異なるとしても、国民からみれば、全員に行きわたるはずの公的年金が縮小されて、「自助努力を行う余裕のある層」に資金がシフトするということであれば、それはむしろ逆方向での(つまり富裕層に対する)所得再分配ともいえる。

## 3. 諸外国のトレンド

第3のテーゼ(諸外国の政策動向を参照すること)については、社会保障の制度改革等において諸外国の動向が参照されるのは、日本ではつねに行われることで、そのこと自体に異議を唱える必要はないだろう[3]。

しかし、これまた「ありがち」なことながら、とかく海外の諸制度を取り入れることに熱心なあまり、それに関する日本の現状について十分顧みられていないばかりか、無視されているに近いとしたら、問題であろう。(たとえば確定拠出年金の導入の際の議論も想起される。)とりわけ個人年金保険——日本において個人単位で加入する私的年金の代表格といって差し支えないだろう——について、およそ検討の際の参照要素とされる機会自体が乏しい点には、強い違和感がある。

実務書等において、「利率が低いから」、「所得控除枠が小さいから」等の理由で個人年金保険があまり扱われないのはまだしも、学術的な検討においてまで、本格的な参照の埒外におかれているというのは異様な事態にすら思える。

私的年金にかかる諸政策は、「白いキャンバスに画を描く」作業ではない。

---

2) 両者はまったく同じではなく、この点は児童手当と扶養控除の異同についてしばしば論じられる。第5章(第3節および註11)をあわせて参照。
3) 諸外国の動向については、第2章の〔補説〕を参照。

すでに一定程度、私的年金が行われているからである。たとえば生命保険会社の個人年金保険だけでも、約2000万の契約件数、約64兆円の資産（保険料積立金）規模があるのだから、見方によってはかなりの程度、普及しているともいえる。

そこで新規の施策を導入する際には、それらの既存の契約との間での調整の要否についても検討を要するはずだし、少なくとも既存の契約をまったく無視して制度設計するのは適切ではない。たとえば仮に税制優遇を拡充するとして、それが過去に締結された既存の契約にも適用されるかどうかは実務的には大きな論点である。

また日本の個人年金保険の現状とそれが抱える課題をみておけば、政策的な検討に向けても、そこから一定の手がかりを得られる可能性はあろう。ある意味では個人年金保険をめぐって、すでに政策的な実験が行われているとみることも可能だからである。

**《国際的なトレンドへの向き合い方》**

さらに、昨今の年金の公私分担論に関する国際的なトレンドといわれるもの——「公私の年金で老後に備える」、「私的年金には税制優遇を付与する」——については、実際にそうなのだろうが、そのトレンドに日本がただ「合わせる、乗る」ことでいいかどうかは留保を要しよう。そもそも国際的なトレンドがつねに「正しい」とは限らないばかりか、そのトレンドに抗すべき場合も十分あり得る[4]。

また仮に国際的には妥当な政策的方向であったとしても、日本にそれが当てはまるかどうかは分からない。当然、日本が抱える諸特性——制度的な前提、人口構造、国民性等々——を顧慮する必要がある。

とくに日本の高齢化のスピードは世界に例をみないものだといわれており、それは見方を変えれば諸外国と同じことをしていては、追いつかないというこ

---

[4] 金融グローバリズムと社会政策とは、基本的に拮抗関係にあるともいえる。年金政策は、とくに資金運用の局面においては、金融領域と密接な関係にある点に留意を要する。

とを意味しているのではなかろうか。たとえば税制を整備して、今から私的年金によって備える、積み立てはじめるということで、「間に合う」のだろうか[5]。いつの時点で、どのくらい私的年金に依拠する状態を目指すのかも想定せず、「できるだけ、自助努力を奨励しよう」というような目標感だけで、年金政策論として成り立つのかは疑問がある。

　これらの疑問に、本書が直接的な回答を準備しているものではない。ただ「諸外国のトレンドがそうであるから、日本でも同様の政策的な対応を」という思考には安易に依拠すべきではないし、あるいは最終的に諸外国のトレンドに沿った方向をとるとしても、その前に確認しておくべき諸点があるのではないか思われる。

### 4. 小　括

　以上を要するに、3つの政策的なテーゼについて、それぞれの背景等は理解できるし、一定の合理性もあるのだが、なお年金あるいは社会保障を論じる立場からの十分な検討を経ていないというべきではないだろうか。

　そしてそれらの検討内容を精査するための、1つの有効な「鏡」となり得るのが、すでに実際に行われている私的年金であり、とりわけ個人年金保険であろう。にもかかわらず、その個人年金保険についての認識や理解が必ずしも十分ではないという点が、憂慮されるところでもある。そのことを次に述べたい。

## 第2節　個人年金の認識や理解への率直な疑問

　前節でもふれたように、年金に関する公私の役割分担論は、実際の個人年金保険をはじめとする私的年金の内容や現状についての認識や理解を必ずしも十分に踏まえないまま行われているために、不十分な議論になっていると思わざ

---

[5] 団塊世代が後期高齢者になる2025年は目前であるし、高齢者人口（実数）のピークといわれる2042年までも、すでに30年を切っており、たとえば基礎年金のフルペンションに要する期間（老後の十分な準備に要する期間ともいえよう）には大きく足りない。

るを得ない部分が多々ある。以下ではややアトランダムだが、それらについて、率直に列挙してみたい。

## 1. 個人年金・私的年金という概念のあいまいさ

　第1に、個人年金ないし私的年金という概念のあいまいさである。

　個人年金ないし私的年金というときに、本来それが何を含意するか自体、相当の議論を要するはずである。しかし諸議論に際して個人年金や私的年金に言及されるとき、何が具体的にイメージされているか、必ずしも明確化されていないし、論者の間で一致もしていない。

　すなわち一方では、保険料を積み上げる（build-up）過程（保険料の払い込み段階）に焦点があてられ、とにかく老後に向けた（あるいはそれすら明確でなくても）現役層による拠出がすべて「年金積立、年金資金」と括られることもある。

　その意味ではむしろ、退職前（あるいは現役期）には引き出せないという点に、1つのポイントがあるといえる。しかしその引き出しにかかる要件（その厳しさ）も区々であり、その制限の態様により一義的に「年金かどうか」を判定することも難しい。

　もともと「分割払い」と「年金払い」との間はあいまいである。その意味では一定の金額を積み立てて、これを老後に分割で払い出せば「年金」といえなくはない。他方では保険会社による個人年金保険にしても、一時金での一括受け取りは多い[6]。かねてより適格退職年金（現在では確定給付年金）が、退職金の振り替わりという性格が強く、一時金での受け取りが多いのは周知の事実であろう。そうすると別に「年金払い」でなくても、広い意味では年金資金となり得る。

　そうなってくると、老後のための貯蓄全般と、年金資金準備との境界は微妙であり、通常の貯蓄と年金商品との区別はますますあいまいになってくる。

　逆に、年金の払い出し（cash-out）過程（年金の受け取り段階）に着目して議論することも可能である。たとえば退職一時金を一時払の年金商品にあてるケー

---

6）　逆に生命保険契約において、死亡保険金等が「年金払い」されることもある。

スもある。この場合は「現役期からの事前の拠出」とはまったく異なることになるが、年金の公私分担論と無関係なものとはいえないだろう。

この点に関連して、公的年金について、それがしばしば「終身年金スキームを通じて、長生きリスクに備える制度である」といわれることがある。もしそれが「過不足なく老後の生活資金を準備している――長生きしすぎることによる老後資金の枯渇や、長生きできなかったことによる使い残しを避ける」という意味で語られるのであれば、もちろん正当な指摘ではあるが、しかしそれは公的年金制度のうちでも、払い出し過程（年金の受け取り段階）での、毎期の年金受け取りにのみ焦点を当てた見方であり、いわば事柄の一面しかみていない[7]。たとえば医療保険が傷病リスクに、介護保険が要介護リスクに備えているという説明と並べてみれば、少なくとも説明の「位相」が決定的にずれている[8]。

このように個人年金や私的年金に関しては、そもそも保険料の払い込み段階、保険事故、年金の受け取り段階、いずれのフェーズ（局面）に焦点を当てるかによって議論の様相は変わってくる。したがってそのような構造を踏まえて、その都度どのフェーズ（局面）に焦点を当てているのかを明確にしながら議論を進めることが有益であろう。

それにしてもこのようにみてくると、個人年金ないしは私的年金と呼んでいるものの本質や概念が、きわめてあいまいであることが分かる。その意味では「個人年金とは何か」という概念規定からはじめるべきかもしれないが、本書としては（第2章・第3章を中心に）むしろ実際に提供されている個人年金保険に焦点をあわせて、その商品内容を分析することで、そこから「個人年金とは何か」という問題への照射を目指したい。

---

7) 法的には年金給付に対する権利は、そもそもの年金給付にかかる「基本権」と、各回の年金給付にかかる「支分権」とに分かれるが、ここではもっぱら支分権に焦点が当てられていて、基本権の意味合いが没却されているといえる。第3章（第2節および註12）、第4章（第1節および註1）をあわせて参照。

8) 日本においては「年金保険」について、保険事故を境に前後の構造（保険料払い込みと保険給付）があるという点が十分理解されておらず、いわば貯蓄のような連続性のなかで受け取られている面が強いというべきだろう。第3章および終章で改めて取り上げる。

## 2．諸統計の取り扱いへの疑問

　第2に、上記とも直接かかわる点として、個人年金・私的年金にかかる諸統計の取り扱いについても問題が大きい。

　財政的な制約から公的年金の縮減方向が不可避といわれるなかで、私的年金のウェイトを高めるべきだといわれているものの、私的年金が現在どのくらい利用されているのかという普及状況がクリアに見定められないままで「私的年金をより普及させるべきだ」という主張だけが声高にされているのは違和感がある。

　すでに述べたように、生命保険会社の個人年金保険だけでも契約件数が約2000万件、保険料積立金が約64兆円あるにもかかわらず（2013年度末）、「あまり普及していない」というある種の思い込みのために、個人年金保険についても参照する意義も乏しいものとして片付けられているとしたら、事態は深刻である。

　もっともこの背景には、統計にかかる技術的な問題もある。第2章（第3節）で詳しく述べるが、個人年金保険については、統計数値が他の保険商品との横並びで算出されて公表されている。具体的には個人年金保険の保有契約の金額は、年金支払開始前後で分けて記載されており、年金支払開始前は「年金開始時における年金原資」が、年金支払開始後は「責任準備金」が表記されている。しかしこの年金支払開始前と開始後の数値ではかなり性格が異なり、しばしば行われるようにこれらを単純に合計しても、ほとんど意味はない。この点だけをみても、個人年金保険の数量的な把握や、他業態の年金商品との比較等が難しいことが分かる。

　さらに（次の3．でも述べるが、）そのなかでも終身年金があまり利用されていないという点が、しばしば自明の前提とされている。しかしこれについての公式の全数統計はなく、実態調査等はあるものの、その数値もそのまま受け取れるものとはいいづらい。さしたる統計的な根拠も示されないままに、「終身年金の過小需要」が語られているのに近いのである。

　本書としては（第2章を中心に）利用可能な統計を整理しつつ、商品構造に即して、現状認識とその評価にも努めたい。

## 3. 終身年金をめぐる議論の混乱

　第3に、終身年金をめぐる議論の、やや大げさにいえば混乱というべき現象である。これは年金種類のなかでも、終身年金が公私の役割分担論において重要な位置づけを占めていることから、無視できない点となる。

　終身年金は、保険数理・死亡率を使って算定・運営されるため、金融機関のなかでも生命保険会社等にしか扱えないことになっている。他方、年金に関する公私の役割分担論においては、税制優遇の対象の絞り込みにあたって、私的年金が終身年金であるべきかどうかが重要な論点として扱われることがある。しかしながらこの終身年金については、注目される割には、やはりその現状について十分な認識や理解がされているとはいいがたい。

　すなわち一方では、民間保険では寿命（の伸長）に関するリスクに対応できないので、終身年金は引き受けられないとか、引き受けていないとの記述までみられることがある。単に事実認識が間違っているだけなので、ことさらに取り上げる必要はないかもしれないが、年金や社会保障の専門家の手になる文献にもその種の記述があることには、事態の深刻さを感じざるを得ない。[9]

　終身年金は保険数理的な仕組みであり、別に慈善事業ではない。適切に設計すれば、基本的に収支は合うはずであり、受託機関が「身銭を切って」運営するものではない。もちろん契約締結後にさらなる寿命の伸びがあれば、支払う年金の総額は多くなって、保険会社の負担にはなるが、それはたとえば大規模な事故や災害による支払の増加等と同様の事態であり、基礎率の設定の仕方や配当金による調整などによりそれらに対処することも可能である。

　もっとも他方ではすでに2.でふれたように、さしたる統計的な根拠もないままに「終身年金は少ない」との指摘もしばしばされており、現状認識としても混乱している感がある。（なお一般的な認識という意味では、そもそも終身年金と

---

9) 民間保険会社による個人年金保険の年金種類として、終身年金が一定の割合を占めているのは、保険関係の基本的なテキスト等には必ず書かれている事柄である。たとえば森宮康『ビジュアル保険の基本（新版）』（日経文庫、2003年）97ページ、下和田功編『はじめて学ぶリスクと保険（第4版）』（有斐閣、2014年）181ページなど。ただし次註参照。

終身保険とが混同されているところもあろう。)

　加えてこの終身年金については、経済学の領域で、いわゆる逆選択・逆淘汰論（adverse selection）の格好の適用場面となっている点が、議論の混乱の要因となっている。任意加入のもとでは、リスクの高いものばかりが加入してしまい、保険が成り立たなくなるという逆選択の議論は、一切成り立たない、あり得ないというわけではまったくないが、それでも上記のとおり、少なくとも日本では実際に保険市場で終身年金が提供されているという事実は直視すべきである[10]。

　とりわけ日本の個人年金保険商品に即してみると、後述するように、年金支払開始時に年金種類を選択できるという場合が多く、その意味では「リスクの高いものばかりが加入してしまう」という、そもそもの逆選択論が前提とする状況と適合しない。逆に年金支払開始時の選択ということでは、むしろ逆選択が典型的に働くはずの場面であるが、それでもそういう取り扱いが続けられている（市場が成立しないどころではない）という点には思いを致す必要があるだろう。

　さらに日本で終身年金といわれるものが、いわゆる完全なトンチン型——生存している間に限り年金が給付され、死亡した場合は何も給付されない純粋な生存年金——ではなくて、ほとんどは「保証期間」がつけられていて、一定の貯蓄性を有しているというのも大きな点だろう。この保証期間の部分は、むしろ確定年金（あらかじめ期間を限って支払われる年金種類で、その間に死亡した場合には残りの原資が遺族に支払われるので、確実に（本人ないしは遺族が）年金原資を受け取ることができる）と同じような扱いになる。「終身年金かどうか」という単純な二分法では、議論は語り尽くせないのである[11]。

---

10) ただし近時では、保険会社は終身年金の取り扱いに慎重である。もっともこれは逆選択現象を懸念してのものとは考えづらく、むしろ事務コストや資産運用の困難性等によるものと考えられる。第2章、第4章、第6章で改めて取り上げる。

11) 「トンチン型」を含めた年金の種類については、第2章・第4章で詳しく扱う。そこでも述べるように、支払期間の問題（終身かどうか）と、貯蓄性の問題（トンチン型／原資保証型の区別）とは次元が異なる。

付言すれば、「有期年金」という年金種類については、ほとんど理解されることもなく、それどころか上記の確定年金と区別されずに議論されることが多い。「有期年金」とは、少なくとも保険論の用語としては、支払期間を区切ったトンチン型の年金を意味しており、その間に死亡すれば支払は打ち切られる。(残った年金原資も払い戻されない。) 用語の問題であり、保険論の用例を墨守すべきとまではいえないにしても、確定年金と、トンチン型の有期年金とは中身が明らかに異なるのであり、そのことも意識されずにたとえば「終身年金か、有期年金か」というように問われるのでは、問題設定としても混乱を招くというべきだろう[12]。

政策的な結論は別として、とりあえず終身年金をめぐる現状について、もう少し認識を深めておくべきではないかと考えられる。本書としては (第2章・第4章を中心に) その辺も整理した形で議論に組み込んでいきたい。

## 4. 税制優遇にかかる議論の問題点

第4に、これらとの関係も含めて、私的年金への優遇税制の整備や拡充がしばしば提起されるが、政策志向性が強いあまり、ややもすればスローガン的な主張に終始しているように思われる。

すなわち公的年金を補完するために、とにかく私的年金を (あるいはそのなかでも終身年金を) 税制優遇して奨励しようという直線的な議論ばかりが多くされていて (その結論が妥当でないというわけではないにせよ)、その税制のあり方を支える実質的な論拠について、きちんと議論されていない印象がある。

「私的年金を普及させるインセンティブとして、優遇するのだ」といってしまえばそれまでだが、税制優遇はいわば「裏からの」、「消極的な形での」給付でもあり、もし公的年金をはじめとする (いわば正面からの) 給付に関する国の財源が制約されているなら、税制優遇にしても、それほど軽々に認められるものではないはずである。加えて前節で述べたとおり、それは逆方向での所得再

---

[12] 所得税法施行令185条3項においても、「有期年金」は本書と同じ意味合いで用いられている。逆にもし「有期年金」を、本書でいう確定年金の意味で用いるなら、別途、保険論 (また本書) でいう有期年金をあらわす用語が必要になろう。

分配ともなり得る。

　また、その税制優遇の要件（対象の絞込み）に関しては、（すでに3.でも述べたように）しばしば終身年金に限定すべきかどうかが論点となっており、それは重要な点ではあるものの、「終身年金に限定するか、しないか」という二分法で議論を尽くせるかは疑問である。加えて税制優遇の要件にかかる議論は、そのような年金の種類にかかる論点だけではなく、また税制優遇の方法としても、現在のような保険料の所得控除という方法に限られるわけではない。

　本書としては（第5章・第6章において）改めて税制優遇の論拠を整理・分析しつつ、現行の個人年金保険料控除の内容を位置づけるとともに、やや幅広い観点も視野に入れながら、年金および社会保障を論じる立場から税制のあり方（要件、方法等）について検討したいと思う。

## 5. 小　括

　以上のようなことからすると、個人年金保険について、その内容・実態を今より詳しくみておくことには意味があると考えられる。それは今後の年金に関する公私の役割分担論等に、直接役に立つかどうか分からないが、少なくとも現在議論されているもろもろの論点を深めるにあたって、たとえば諸外国の動向を参照するのと同じ程度には意味があるだろうし、より固有の意味合い（たとえば日本独自の諸事情）を把握する手がかりともなり得よう。

　考えてみれば、個人年金保険の商品性に焦点を当てた学術的な研究は、その契約規模・資産規模にかかわらず、これまでほとんど行われてこなかった。保険論・保険学の研究対象は死亡保険と企業年金に集中し、また年金や社会保障が論じられる際にも、私的年金に関してはもっぱら企業年金が議論の対象に含まれるにとどまってきた。

　したがって、個人年金保険にかかる、見方によってはごく基本的な諸事項が、年金をめぐる諸議論のなかに適切に位置づけられるだけでも大きな意義があるように思われる。本書としてはそのような意味で、これまでの議論の空隙を、いくらかでも埋めようとするものである。

## 第3節　本書の構成

　以上の点を受けて、本書は以下のように構成されている。
　すなわち第1章で述べた問題意識を踏まえて、まず第2章では、日本における個人年金の諸相について、またとくに生命保険会社の個人年金保険商品についてはやや詳細にその内容を紹介するとともに、個人年金保険の加入動向・統計と、その税務取扱について概略を述べる。
　そして第3章・第4章では、このような個人年金保険について、公私の役割分担論との関係で重要と思われる論点について考察する。まず第3章では、個人年金保険の商品ないしは契約の全体構造と、そこでの基本的な性格について分析・検討する。また第4章では、とくに「終身年金が普及していない」といわれる点に関して、実際の個人年金保険の商品および年金種類に即して分析・検討する。
　これを受けて第5章・第6章では、このような個人年金保険ないしはより広く私的年金に対する税制優遇のあり方について検討する。まず第5章では、その税制優遇の論拠を改めて問い直し、私的年金の固有の位置づけにもとづく説明を模索する。また第6章では、税制優遇の要件、方法および内容について、あり得る選択肢を幅広くピックアップしつつ検討を試みる。
　第7章では、ここまでの内容も振り返りながら、いわゆるトンチン型の終身年金について、介護や医療との関係も視野に入れつつ、その今日的な意義を述べる。
　最後に終章では、個人年金保険を手がかりとして、日本の社会保障全般や公私の役割分担論について考える糸口を示して本書を締め括りたい。

　ところで本書では、個人年金保険の商品内容の客観的な紹介や、さまざまな分析や検討の可能性を述べることに大きな力点を置いている。いいかえれば筆者自身の主張を必ずしも中心的に打ち出して、そこに向けて叙述内容を配列したものではない。むしろ政策的対応方向の選択肢を含む、議論の整理や素材の

提供という意味合いが大きい。

　もっともそのように「客観的な紹介」や「議論の整理」等を行う際にも、まったく無色透明な記述ということにはならず、その紹介や整理の仕方に筆者自身の考え方が反映するのは当然でもあろう。ただ、とくに個人的な評価や主張にかかる見解を述べる際には、その旨を明示するように努めたつもりである。

　またこれは私的年金・個人年金保険に限ったことではないのだが、とかく年金に関する議論は、領域的にも年金独自の自閉的な立論となりがちであり、社会保障全体のなかでの位置づけ、とりわけ介護や医療との関係が視野に入れられることがほとんどない。そこで本書ではわずかながらではあるが、第7章や終章でこれらとの結節も試みたものである。

　他方、本書の内容は、先行研究に依拠している部分が当然あるものの、それらの紹介にはあまりスペースを用いておらず、網羅的な文献レビューも行っていないし、引用や参照もごくアトランダムにならざるを得なかった。（なお本書での引用や参照は、原則として公刊され、一般的に入手できる書籍、雑誌等に限った。）

　とくに私的年金に関しては、その税制や諸外国での動向について、他の文献等でも扱われていることが多い（これから紹介される機会がますます多くなるだろう）ことから、本書ではあくまで日本の現行の個人年金保険に焦点をあてて、これに即する形で論点の所在を紹介するとともに、分析・検討を試みたものである。

　また個人単位の年金という意味では、確定拠出年金との関係や比較が実際的な観点からも重要になるものと思われる。しかし現実的にはもっぱら確定拠出年金が注目を浴びているなかで、本書はこの比較的新しい制度よりも、むしろ一定の歴史を重ねてきて、契約件数も2000万を超える個人年金保険に焦点をあてたということであり、あるいは両者の比較のための材料を提供できればそれでいいと思う。

　ただ内容的には、法制度的な分析に偏しており、実証的・計量的な分析や、保険数理・保険経営的な観点からの検討はできていない。（もっともとくに保険料の価格や利率をはじめとする諸数値については、短期間のうちにかなり変わってしまうことがあるので、あえて抽象的な記述にとどめたという面はある。）また法制度的な

分析のなかでも、歴史的に遡っての検討は行えなかった。

本書は見方によっては、保険商品に関する細かい実務的な内容に立ち入りすぎている印象を与えるかもしれない。逆に実務の方からみれば、ビジネスを度外視した何とも粗っぽい机上の空論とみえるかもしれない。他方、研究者からみれば、理論的な詰めの甘さばかりが目立つものであるかもしれない。いずれも結局のところは筆者の能力不足に起因するものである。ただ筆者としては、あくまで現行の日本の個人年金保険を題材として、これまでの研究の空隙を埋めて、年金や社会保障政策を論じるために必要と考える内容を紡いだものではある。

本書は全体としては書き下ろしであるが、各章の内容のもととなった諸論稿のうちで、すでに公表したものとしては下記がある。多くは大きく書き改めているが、〔　〕印で注記した章・節については、初出の内容ないし骨格がほぼ維持されている。

そのためとくにこれらの章の間では、初出がそれぞれ単独で読まれることを想定した論稿であったことから、叙述の重複と、細かな用語の不統一がある点をご容赦いただければ幸甚である。

「個人年金の種類と内容」〔本書第2章（第1節）の原型〕
　　堀勝洋・岩志和一郎編『高齢者の法律相談』（有斐閣、2005年）所収、95-99ページ
「個人年金保険の商品性とその位相」〔本書第3章の原型〕
　　『日本福祉大学経済論集』45号（2012年）1-15ページ
「「長生きリスク」と終身年金」〔本書第4章の原型〕
　　『週刊社会保障』2169号（2002年）24-27ページ
「トンチン型終身年金の今日的な意義」〔本書第7章の原型〕
　　『季刊個人金融』2014年夏号（2014年）13-21ページ
「社会保障（法）領域への『法と経済学』適用可能性について——個人年金にかかる法的ルールを題材として」

『社会保障法』18号（2003年）75-89ページ
「高齢社会における生命保険の役割と可能性」
　『保険学雑誌』584号（2004年）21-34ページ
「『公・私』の軸における終身年金の位置づけ――個人年金保険との関係を中心に」
　大曽根寛・金川めぐみ・森田慎二郎編『社会保障法のプロブレマティーク――対立軸と展望』（法律文化社、2008年）所収、112-128ページ
「公的年金が備えるリスクとは――年金を育てる日本人」
　『週刊社会保障』2549号（2009年）48-53ページ

　上記の一覧を改めて眺めると、ごく最近に書いたものがある一方で、初出から一定の年月を経たもの、さらに10年以上前に書いたものまである。もちろん初出以降の諸状況や商品内容の変遷、また筆者の考え方の変化により、内容は大幅に書き換えたが、それでも論旨自体は変わっていない部分が少なくない。それはこの間、諸議論においてもこの個人年金保険が一貫して重視されてこなかったことの裏返しであるようにも思える。

# ❖第2章❖

# 個人年金保険の概要

## 第1節　いわゆる個人年金の諸相

### 1. 緒　説

　老後の所得保障を担う制度的な仕組みとしては、国民年金、厚生年金などの公的年金があるが、これに加えて企業年金があり、さらに個々人で加入する個人年金がある。公的年金以外の企業年金と個人年金はあわせて私的年金とも呼ばれ、この他に国民年金基金などの準公的年金といわれるものがある。

　この公的年金・企業年金・個人年金で老後保障の3本柱（three pillars）と呼ばれることもある。このうちとくに財政制約等から公的年金や企業年金の給付が抑えられる傾向にある一方で、個々人の多様なライフスタイルと老後保障ニーズへの対応として、個人年金（あるいは個人単位の年金）の重要性も指摘されている。

　ただし個人年金としてひと括りにされるものの、その種類はさまざまであり、大きく分けると「保険型」と「貯蓄型」がある。

　「保険型」の個人年金保険は、生命保険会社などが販売している保険商品で、保険数理にもとづいて算定された（すなわち死亡率・生存率を織り込んだ）保険料（ないしは掛金）を払い込み、これと運用益から形成された年金原資を、所定の年金の形で受け取るものである。

　「貯蓄型」の個人年金は、銀行や信託銀行、証券会社などが販売している金融商品で、加入者が積み立てた元金とその利息を、年金の形で分割して受け取

るものである。

　以下ではこれらの概略を示しておきたい。

## 2. 保険型の個人年金商品

　「保険型」の代表である個人年金保険は、生命保険会社により販売されている保険商品である。これは一般的には一定の年齢まで保険料を払い込み、積み立てられた資金を年金原資として、契約時に定めた一定の年齢から毎年定められた年金を受け取る仕組みの商品である[1]。

　保険商品なので、払い込み中の死亡保障が付けられていることが一般的である。受け取る年金の種類としては、確定年金、終身年金、保証期間付終身年金、有期年金などがある。

　年金資産は、保険会社が他の契約者、他の保険商品の資産とともに合同運用するのが普通である。つまり契約者ごとに資産が個別に管理され、運用されるわけではない。（その意味でもあくまで保険商品である。）この商品内容や普及動向については、第2節・第3節で詳しく紹介する。また一定の要件のもとで、税制優遇（保険料の所得控除）が行われており、これについては第4節で紹介する。

　生命保険会社以外にも、たとえばJA共済（全国共済農業協同組合連合会）や全労済（全国労働者共済生活協同組合連合会）において個人年金商品が扱われている。これらの商品の内容は、税務取扱を含め、生命保険会社の個人年金保険とほぼ同様である。またかつては簡易保険の一環として、郵便年金が販売されていたが、「かんぽ生命」に移行し（2007年）、そこで年金保険が扱われている。

　なおこれらとは別に、変額個人年金保険といわれる商品がある。通常の個人

---

1）　個人年金保険の商品、経緯等全般にわたり、要領よくまとめた文献として、小林雅史「日本の個人年金保険について」『生命保険経営』81巻5号（2013年）28-51ページがある。なお生命保険のなかでの生存保険の位置づけを分析したものとして、松田武史「生存保険の特異性」『産大法学』38巻1号（2004年）33-68ページがある。

　また生命保険会社各社の個人年金保険の商品内容を比較的詳しく紹介するものとして、平成26年版の『年金商品のすべて』（新日本保険新聞社、2014年）があり、本書における各社の商品内容に関する記述については基本的に同書に依拠している。

年金保険では契約時に年金額が定められるのに対して、これは運用次第で将来受け取る年金額が増減するという商品である。保険料は一時払が中心で、運用は他の資産とは区別された特別勘定で行われる。

年金額が運用次第で変動するため、年金に最低保証を設ける場合もある。また年金支払開始前に被保険者が死亡した場合は、死亡時の積立金額が支払われ、運用がマイナスになっていた場合でも、払込保険料相当額を保証するもの等がある。

この変額個人年金保険は、投資信託に近いものともいえ、2002年10月に銀行での生命保険の窓口販売が解禁されたこととあいまって注目され、保有契約の一定割合を占めている。またこれに類似する商品として、予定利率を一定期間ごとに見直す利率変動型の年金商品もある。

これらについては個人年金の範疇には入るものだが、金融商品としての固有の問題点が多いことから、本書では、従来型の（契約時に基本的な年金額が定められる）個人年金保険を念頭に、検討を進めている。

### 3. 貯蓄型の個人年金商品

貯蓄型の個人年金商品にも多くの種類がある。

たとえば銀行の年金型預金は、定期預金の形で積立金を預け入れて、その元利金を年金形式で分割支払する商品である。また信託銀行の個人年金信託は、元金を金銭信託や貸付信託等で運用して、その元利金を年金形式で分割支払する商品である。さらに証券会社の証券型年金は、元金を国債や公社債投信で運用して、その元利金を年金形式で分割支払する商品である。

これらの商品については、保険型のような税制優遇はなく、利息については利子所得として課税される。

### 4. その他の準公的年金等の制度

これら以外にも個人単位で加入する、個人年金に類似した仕組みがいくつかある。

国民年金基金は、自営業者等が任意で加入する、国民年金への上乗せのため

の準公的年金というべき制度である。自営業者等には、厚生年金（いわゆる2階部分）がないことから、それとのバランスで1991年から設けられた。月額6万8000円（年額81万6000円）の掛金限度額があり、掛金は全額が所得控除になる。給付は終身年金（保証期間付のタイプと、保証期間のないタイプ）を基本としつつ、確定年金を組み合わせることができる。

また2001年にスタートした確定拠出年金制度があり、これも個人単位で加入する年金という意味では、個人年金に類似したものということができる。企業単位で制度が導入される企業型に加えて、それらがない企業の従業員等のための個人型という仕組みがある。掛金は加入者の選んだ金融機関の運用商品によって加入者ごとに運用され、その成果により給付額が決まる。給付は、5年以上の有期又は終身年金（規約の規定により一時金の選択も可能）とされている。

個人型の確定拠出年金への掛金は、国民年金の第1号被保険者は月額6万8000円が上限（国民年金基金に加入している場合は、それとあわせて6万8000円が限度額となる）、国民年金の第2号被保険者は月額2万3000円が上限となっている（厚生年金の分を勘案するという考え方である）。企業型についても、それぞれ拠出限度額が定められていて、やや複雑であるが、各制度で税制優遇の対象となる拠出の限度が実質的にほぼ公平となるように設定されている。加入者が拠出した掛金は所得控除になる。（これらの対象や限度額については、さらに拡げる方向での検討が行われている。）

なおそれ以前から、企業年金のなかに拠出型企業年金保険というタイプがある。これは制度としては企業単位で導入されるのだが、従業員が任意に加入する、従業員負担による年金制度で、その意味で個人単位の仕組みだといえる。

さらに、財形制度（勤労者財産形成促進制度）の一環として財形年金があり、さまざまな金融機関から年金型の商品が販売されている。すなわち勤労者財産形成促進法にもとづく財形貯蓄として、一般財形、財形年金、住宅財政という枠組みがあり、そのなかで財形年金では、財形住宅貯蓄とあわせて元利合計550万円（ただし財形年金貯蓄のうち、郵便貯金、生命保険又は損害保険の保険料、生命共済の共済掛金等については払込ベースで385万円）から生ずる利子等が非課税とされている。（拠出や受け取りの段階では税制優遇はない。非課税限度を超えて、継続

することが可能な場合もあるが、その際は利子（全額）が課税となる。）給付は、5年以上20年以内とされ、保険商品の場合は終身年金も可能とされている。

その他、これらに類似・関連する制度としては、（個人単位で加入するものではなかったり、役員向けであったりするが、）中小企業退職金共済、特定退職金共済、小規模企業共済、特定業種退職金共済（建設業、清酒製造業、林業）などがある。

### 5．まとめに代えて——個人年金という概念をめぐって

このように個人年金として括られる商品は多様であり、どこまでを個人年金と呼ぶかについても定まったものはない。本来的には個人年金について、その概念規定を（外延の観点から、また内包の観点から）行うことからはじめるべきであろうが、第1章でもふれたように年金契約のどの段階・局面をとらえるかによっても概念規定は変わり得る。その意味でも「個人年金とは何か」は、客観的・一義的に決まるものではなく——あるいは決めようとするのは生産的ではなく——、もし概念規定を行うとすれば、むしろ検討内容・目的との関係から定められるべきものであろう。

しかるに本書においては、生命保険会社による個人年金保険を中心的なテーマとしていることから、それをいわば確定的な外延として、基本的にそこに分析・検討を集中するとともに、必要な範囲で適宜、関連する年金商品等に言及することとしたい。ただしとくに税制についての政策的検討（第5章・第6章）においては、やや広く「私的年金」を対象として検討を加える。

## 第2節　個人年金保険の商品内容

### 1．緒　説

本節では、生命保険会社の個人年金保険商品の概略を紹介する。

商品は多岐にわたるため、ここでは標準的・代表的なものとして、日本生命の「年金保険（有配当2012）給付約款」（以下では日本生命約款ないしは単に約款と記載する）および「ご契約のしおり（2014年10月改訂）」（以下では「しおり」と記載する）を中心に、基本的な内容を紹介する。なお日本生命保険では、各商品

に共通な事項は、別途「契約基本約款」にまとめて、固有の内容を「年金保険（有配当2012）給付約款」に規定している。（いずれも最新の内容を、同社のホームページでみることができる。）

ただ同商品は、新規の契約締結時に選択できる年金種類を確定年金に限っている（終身年金を選択できなくなっている）など、本書ではこの商品だけに限定せずに記述した方がいいと思われる部分もあるので、適宜、同社の以前の商品（「有配当年金保険（H11）普通保険約款」等。以下では「旧約款」と記載する）や、他の保険会社の商品なども参照しながら記述を進める。

なお実際には「約款」と「しおり」、さらに実務の取り扱いでは、それぞれ内容が異なっていることがある。たとえば約款では記載されているが、実際には行われていない取り扱い内容、あるいはその逆もあり、それらの意味合いが重要であることもある。このこと自体も理論的には検討すべき点であるが[2]、商品や保険会社によっても異なる部分が少なくないことから、とりあえずは「約款」、「しおり」等の典拠をなるべく明確化しながら記述を進めていくこととしたい。

## 2．契約・当事者関係

保険法2条1号は、保険契約を「当事者の一方が一定の事由が生じたことを条件として財産上の給付を行うことを約し、相手方がこれに対して当該一定の事由の発生の可能性に応じたものとして保険料を支払うことを約する契約をいう」、また保険法2条8号は、生命保険契約を「保険契約のうち、保険者が人の生存又は死亡に関し一定の保険給付を行うことを約するもの（傷害疾病定額保険契約に該当するものを除く。）をいう」と規定しており、個人年金保険の契約もこの範疇に含まれるものである。

個人年金保険における、契約関係・当事者関係は以下の通りである（日本生命約款では2条以下）。まず保険会社と契約を結び、権利義務を有する（保険料を

---

2) 約款と実務との関係について、長沼建一郎「消費者契約立法と生命保険契約」『生命保険経営』66巻4号（1998年）127-128ページをあわせて参照。

負担し、契約内容変更などの権利を持つ）ものを「保険契約者」という。次に、その人の生死等が保険の対象とされているものを「被保険者」という。

　支払われる年金と死亡一時金の受取人を「年金受取人」という。（年金支払開始後に被保険者が死亡したとき、一定の金額が支払われる場合があり、これは次に述べる「死亡保険金」とは区別して「死亡一時金」という。）この年金受取人は、保険契約者または被保険者のうちから、保険契約者が（契約締結時に）指定する。また被保険者が年金支払開始前に死亡した場合に支払われる死亡保険金の受取人を「死亡保険金受取人」という。

## 3. 保険料の払込

　保険料の払込方法としては、月払、年払等があり、またこのような定期的な払込以外に、一時払、一括払、前納などの払込方法がある。払い込み経路としては、以前は個別に集金されていたが、近時は口座振込みが多くなっている（契約基本約款4-6条等）。

　保険料不払いの場合は、契約は解除され、消滅するものとしている（契約基本約款7条）。その際には後述する解約払戻金が支払われる（7.(2)参照）。この保険料不払いの際の取り扱いは、主に死亡保障商品を念頭に置いたものと考えられるが（近時、取り扱いが変更された内容でもある）、公的年金等では保険料の不払いがあっても（受給資格期間等を満たせば）基本的には年金額が減るだけで、受給資格が消滅することがないのとは大きく異なるものだといえる。

　なお個人年金保険料控除の対象となる税制適格の契約では、保険料払い込み期間は10年以上とする必要がある（第4節参照）。

## 4. 年金の支払開始時期

### (1) 年金支払開始の時期

　日本生命約款2条では、「被保険者が、年金支払期間中の年金支払基準日に生存しているとき」に、年金額を年金受取人に支払うものとしていて、契約時に選んだ年金開始日（契約締結の際に約定した年金開始年齢に到達する契約日の年単

位の応当日。それが第1回年金支払基準日となる)から、年金支払が開始する。これは特定年齢(正確には契約応当日)に到達した際の生存が、保険事故(保険給付事由)となることを意味している[3]。

なお個人年金保険料控除の対象となる税制適格の契約では、年金支払開始年齢は60歳以上とする必要がある(第4節参照)。

## (2) 支払開始変更

日本生命の旧約款(32条)では、第1回年金支払日の変更についての規定があったが、現行の約款にはその記載がなく、「しおり」で年金支払開始日の手続きの際に申出ることにより、会社の承諾を得て第1回年金支払基準日を変更できることとしている。(最長5年間、繰り延べることができる。その間、年金原資は運用により増えていくものと考えられる。)

また当初の年金支払基準日から、変更後の年金支払基準日の前日までの間に被保険者が死亡した場合には、死亡日における責任準備金が年金受取人に支払われる。

なお「しおり」では、この変更は「1回に限り取扱います」とされ、また「申出の際に当社が当制度を取扱っていない場合には、利用できません」との留保がつけられている。

## 5. 年金の種類(およびその変更・決定)

### (1) 年金の種類

年金の種類(終身年金、確定年金等)とは、具体的な各回の年金支払の期間や条件を定めるものである。

ただ後述するように、現行約款では、新規の契約締結時に選択可能な年金の

---

[3] 本来ならば、法的には基本権・支分権という区別に応じて、保険事故についても細かくみていく必要があろう。第1章(註7)、第3章(註12)をあわせて参照。

なお保険料の払い込みを終えて、年金受け取りが開始するまでの間(いわゆる据置期間)の取り扱いについてもいろいろ論点があるが、本書では割愛する。

種類は確定年金のみになっている。しかし年金支払開始時には、それ以外の年金種類も選択可能であり、また本書の中心的な検討内容との関係でも重要であるので、以下では確定年金以外の年金種類については、旧約款（2条等）の内容をもとに記述する。

なお個人年金保険料控除の対象となる税制適格の契約では、年金支払期間は10年以上とする必要がある（第4節参照）。

① 終身年金と確定年金

年金の種類としては、基本的には終身年金と確定年金とがあり、またこれとは別に有期年金というタイプがある（③で述べる）。

まず終身年金とは、生存している間、毎年所定の年金を生涯にわたって支払うというタイプである。逆にいうと、死亡した時点で年金の支払は打ち切られる。

これに対して確定年金は、あらかじめ定められた期間中、毎年所定の年金を支払うというタイプである。逆にいうと、期間が終了した時点で年金の支払いは打ち切られる。そして期間中、生存している間は所定の年金額を支払うが、期間中の最後の年金支払日の前日までに被保険者が死亡した場合には、将来の年金の現価に相当する金額が死亡一時金として遺族に支払われるというものである。この年金支払期間は、（「しおり」では）5年、10年、15年のうちのいずれかとされている。

終身年金では、このような死亡一時金は支払われない。すなわち年金の原資が保証されておらず、支払開始後に早期に死亡した場合には積み上げた年金原資の残額がいわば「没収」されることになる[4]。確定年金では、被保険者の生死にかかわらず、積み上げた年金原資が被保険者ないしは（普通は）その遺族に払い戻される、という意味で「確定」年金と呼ばれるわけである[5]。

---

4) 「没収」（forfeit）というのは保険法の用語であり、あくまで約定によるもので、法的に所有権が一方的・強制的に移転されるというような意味ではない。なお第4章（註8）参照。

5) したがってこの確定年金という呼称は、確定給付年金・確定拠出年金というときの「確定」とは関係ない。

② 保証期間

もっとも実務上、この商品では「純粋な」終身年金は、選択肢としても用意されておらず、加入者が終身年金として実際に選択できるのは、「保証期間付終身年金」といわれるものだけである。（旧約款では保証期間のない終身年金も選択できるようになっていたが、実務上は提供されておらず、当時の「しおり」にも記載はなかった。）

この保証期間内に被保険者が死亡した場合には、保証期間の残存期間に対する年金の現価に相当する額が、死亡一時金として支払われる。この保証期間は、理論的には何年でも設定できるが、この商品では10年のみとされている。

この保証期間により、積み上げた原資が「没収」されることが（部分的に）防がれることになる。つまりこの保証期間内については、確定年金のようなものとして扱われるということになる。

別の見方をすると、たとえば「60歳開始、10年保証期間付終身年金」の例（もっとも一般的なパターンであろう）で考えると、年金支払という面では、実質的には「60歳開始の10年確定年金」と「70歳開始の（保証期間のない）終身年金」の2つに同時に加入しているようなものだということができる。

ただし厳密にいえば、上記の2つの年金に、まったく別の2つの契約として加入していた場合、60歳以降、70歳以前に死亡すれば、「70歳開始の終身年金」契約については何らかの給付金、払戻金等がある可能性が高い。他方、1つの契約（保証期間付きの終身年金）であれば、この場合には終身年金部分は完全に没収されることになる。

③ 有期年金

確定年金と終身年金とは別に、旧約款では有期年金というタイプが規定されていた。これは保証期間のない終身年金と同様に、販売においては重要視されていないようであり、「しおり」にも記載が無く、実務上も取り扱われていないようだが、概念の整理としては重要である。

すなわち有期年金は、年金支払期間中において、被保険者が生存している場合に所定の年金額を支払うというタイプである[6]。

支払期間は一定であり、終身ということはない。（支払期間が終身であれば、そ

れは終身年金になる。）また年金支払期間中に死亡した場合には、残りの年金原資が支払われるということはない。（この点で確定年金とは区別される。）いわば「期間を区切った終身年金」のようなものだといえる。いずれにせよ年金支払段階で、死亡率が勘案されており、後述するいわゆるトンチン型である点が重要である。

このタイプについても終身年金と同様に、保証期間付きのタイプが旧約款では規定されていた。

④ 用語と概念の整理

以上をまとめると、【図表2-1】の通りとなる。

これらを踏まえると、用語の定義が重要になってくることが分かる。そこで本書では、以下のように用語を使っていくこととしたい。（以下の用語はすでに本書で使ってきたが、改めてここで整理する。）

すなわち一般的に、生存（のみ）を条件として支払を行う部分（死亡すれば支払が打ち切られ、残りの年金原資は遺族等に払い戻されることもなく「没収」される部分、いいかえれば純粋な生存年金部分）を「トンチン型」（の部分）と呼んで、概念の明確化を図る。さらにこれを受けて、下記【図表2-1】の年金種類区分に応じて、トンチン型以外の、生死にかかわらずに支払われる年金（原資）部分を「原資保証型」（の部分）と呼ぶ。[7]

これによれば、前述した保証期間付終身年金は、保証期間中の部分は原資保証型の年金であり、保証期間終了後はトンチン型の年金になるとみることができる。

そして上記の整理は、「トンチン型の年金」ないし「終身年金」という概念

---

6） ただしこの「有期年金」という表現は、一般的には確定年金を指して用いられる場合も少なくない。第1章（第2節および註12）、第4章（第3節および註10）をあわせて参照。

7） トンチン「型」と記載しているのは、歴史的な意味でのトンチン年金——生残者だけに年金が配分されて、生残者が少なくなると年金額が増えていって、最後に残ったものが原資を独り占めする仕組み——とは異なることを示すためである。第7章（第2節）をあわせて参照。ただし8.(2)で述べるように、別途、保険料払い込み段階でのトンチン性を高めた設計があり得る。

**【図表2−1】 年金種類のイメージ**

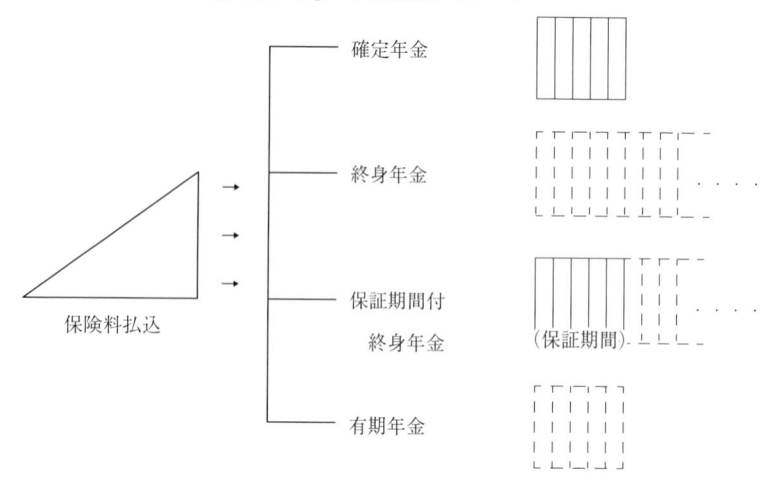

（点線部分は、生存（のみ）を条件に支払われる部分〔トンチン型の部分〕）

を整理する手がかりとなる。

　すなわちとりあえず年金の受け取り段階に議論を限局するとして、いわゆるトンチン型の年金と、終身年金とは概念としての次元を異にするということである。トンチン型の年金を、死亡率を使用し、生存を条件に支払うという意味（いわゆる生存年金）だとすれば、トンチン型の年金は、終身年金に限られない。（有期年金も立派なトンチン型の年金である。）逆に終身年金も、保証期間部分を一体にとらえれば、全体が純粋なトンチン型の年金ではない場合もあり得ることになる。（この点、保証期間はあくまで別個の給付と考えることもできるが、(1)②で述べたように、これを２つの契約とした場合とは給付の態様は異なってくる部分がある。）

　他方、（やや極端だが）たとえば120歳までの確定年金とすれば、原資保証型で、実質的に終身年金の設計も可能ではある。（ほぼ確実に原資は残るので、残額が遺族に返還される。）

　以上をまとめると、【図表2−2】の通りとなる。

　これらからすると、支払期間（終身か、一定期間か）と、支払の条件（トンチ

【図表2-2】 年金種類の分類

|  | 支払期間は一定 | 支払期間は終身 |
|---|---|---|
| 年金原資を保証するタイプ（原資保証型） | 確定年金<br>有期年金の保証期間部分 | 終身年金の保証期間部分 |
| 生存（のみ）を条件として支払われるタイプ（トンチン型） | 有期年金（根元部分） | 終身年金（根元部分） |

ン型か、原資保証型か）とは、次元が異なり、それらの組み合わせで年金種類は決まってくるということが分かる。

このことは先回りして述べれば、途中解約や一括支払等の可否にも大きくかかわってくる。すなわち生存を条件に支払われる（死亡率がかかわってくる）トンチン型の年金の部分については、いわゆる逆選択・逆淘汰（adverse selection）が働くため、途中解約や一括支払等は許されないのである。（そうでないと、「死にそうになったら解約する」という機会主義的な行動が取られてしまい、保険数理が成り立たなくなる。）また年金原資の払い戻しを行わないという意味で、死亡一時金も設定されない。

(2) その変更・決定

約款3条では、年金支払開始時（約款上は「年金開始日の前日」）に年金支払期間を変更できることとしている。現行の約款2条では「年金の種類は確定年金とします」とされているため、このような年金支払期間の変更だけになるが、旧約款では、年金の種類は保険契約締結の際に保険契約者の申出によって定めるものとされ、また保険契約者は年金支払開始時（約款上は年金支払開始日の前日）に、会社の定めるところにより、年金の種類等を変更できるものとされていた（旧約款2、3条）。現在でも「しおり」では、「年金開始の手続きの際に申出ることにより、年金の支払期間、年金の種類、第1回年金支払基準日を変更することができます」としている。

具体的には、現在の取り扱い内容は、「しおり」（30ページおよび91-92ページ）によれば以下の通りとなっている。

すなわち契約締結時に選択できる年金種類は、確定年金（5年、10年、15年）

のみである。(かつては保証期間付終身年金も選択できたが、現在では選択できなくなっている。)

　また年金開始の手続きの際に、年金の支払期間を(上記の３種類のなかで)変更できる。これに加えて、「所定の範囲内で年金の種類を10年保証期間付終身年金へ変更することができます」としている。(ただし「申出時に当社が取り扱っている年金の支払期間に限ります」との留保がつけられている。)

　つまり、契約締結時には保証期間付終身年金を選択できないが、年金支払開始時には、旧約款のもとで締結された既存の契約はもちろん、現行の約款のもとで新規に契約した場合も、保証期間付終身年金を選択できるわけである。

　ただしこの保証期間付終身年金の選択については、慎重に留保がつけられている。すなわち第１に、支払期間の変更と同様に、上記の通り「申出時に当社が取り扱っていない場合には、利用できません」とされており、将来的に終身年金の取り扱いが中止される可能性を残している。第２に、「年金開始日における基礎率(予定利率、予定死亡率等)により年金額を計算します」とされ、「したがって、年金額はご契約時点で定まるものではありません」とされている。つまり年金支払開始時点での利率や、そのときまでの寿命の伸びを反映させた死亡率によって計算することで、契約締結時から年金支払開始時までの諸リスクを保険会社が回避することを可能としている。第３に、「所定の範囲内で」との文言により、それ以外にも取り扱い範囲を狭める、あるいは変更する可能性を残している。

　ただいずれにせよ、このように契約締結時に選択した年金種類を、年金開始時に変更できるという点は重要である。つまり契約締結時の選択は、見方によっては暫定的なものでしかなく、最終的な決定が行われるのは、実務的には年金支払開始時なのである。

　この点は、旧約款では文言上そうであり、この約款により締結された既存の契約には引き続きこの規定が適用されるだけでなく、現在でも実務的には同様であることが「しおり」から分かる。ただし上記の通り「会社の定める範囲で」という形でもろもろの留保が付されている。

第 2 章　個人年金保険の概要

《終身年金取り扱いへの保険会社のスタンス》

　以上のように、年金支払開始時の選択の余地を残しているとはいえ、新規の契約締結時には終身年金を選択できなくなったことをはじめとして、少なくとも従来よりも終身年金の取り扱いへのスタンスが消極的になっているのは確かである。その背景としては、以下のような点が推測される。

　すなわち終身年金は給付期間がきわめて長くなることがあるため、第 1 にその間の安定的な資産運用が求められること、また第 2 にその間の確実な生存確認に伴う支払事務が求められること、さらに第 3 にその間にも一層の寿命伸張の可能性があること、などである。

　もっともこれらの点は、いずれも今にはじまったことではない。しかし第 1 の点については、バブル崩壊以降、低金利が続き、いわゆる予定利率問題が保険会社の経営に甚大な影響をもたらしたこと、また第 2 の点については、公的年金において生存確認が社会的な問題となり、また民間保険会社では保険金不払い問題が大きく取り上げられたことが、問題を重いものとしている。第 3 の点に関しても、実際の寿命の伸びが予想よりも早いことが指摘されている[8]。これらの諸点が重なるなかでは、保険会社としても終身年金に対するスタンスは消極的なものとならざるを得ないことが推測される。

　なお、他の多くの保険会社においても、終身年金の取り扱いを前面に出さないようになっている[9]。もっともこれはあくまで近時の傾向である点には注意を要する。すなわち最初から民間の保険会社が終身年金を扱っていなかったわけではない。

---

8) 明田裕「終身年金の憂鬱」『ニッセイ基礎研 REPORT』2010-11（2010年）38-39ページ。この点、年金支払開始時点の死亡率を用いて年金額を計算すれば、保険会社としてはリスク回避できるが、そうすると契約者にとってはあらかじめ年金額が決まらないことになり、老後保障という点では不安定要素となる。

9) 平成26年版の『年金商品のすべて』（新日本保険新聞社）によれば、現在でも新規の契約締結時に終身年金を選択できる保険会社は少数に限られている。第 4 章（註 9 ）参照。

### (3) 年金額および年金の型

具体的な年金額（たとえば月額10万円というような）は、契約申込書において個々に定めることになる。

なお旧約款（2条以下）では、年金の種類とあわせて、年金の型についての記載があった。この年金の型というのは、年金額に直結する概念であるが、現行約款では年金の種類として確定年金だけを置いているため、削除されたものと考えられる。

この「型」としては、逓増型と、定額型とがある。定額型は、契約時に第1回年金額を定め、第2回以降も同じ金額が支払われるというものである。他方、逓増型は、徐々に年金額が増えていく形のものである。

終身年金および保証期間付終身年金の場合には、この両者から選択することができる。他方、有期年金、保証期間付有期年金の場合は、定額型しか選択することができない。

### (4) 連生年金、介護保障付年金

旧約款では、連生年金への変更についても記載があった。これは、夫婦のいずれかの生存を条件に（正確には、被保険者または被保険者と同一の戸籍にその夫または妻として記載されていた者が生存しているときに）支払われるというものである（旧約款4条、5条）。

また旧約款ではあわせて介護保障付年金への変更についても記載があった。これは年金支払開始後に所定の要介護状態になった場合に、もとの年金額に加えて介護年金が支払われるというものである（旧約款4条、6条）。

いずれも年金支払開始時に選択できるものとして、一定の重要性を有しているが（今後とも活用の可能性は大いにあるように思われる）、現在では日本生命の約款には記載がなくなっている。

## 6. 年金の一括支払

約款5条は、「年金開始日以後、年金受取人は、将来の年金の支払に代えて、将来の年金の現価に相当する金額の一括支払を請求することができます」

としており、また「この場合、この保険契約は年金の一括支払を行ったときに消滅します」としている。

すなわち年金の一括支払の請求とは、年金の支払開始後に、将来の年金の支払に代えて、一括での受け取りを年金受取人が請求するものである。いいかえれば契約関係を一挙に精算・終了するものであり、重要である。

「将来の年金の現価」とは、将来において支払が予定される各年金額を利率で割り引いて、現在価値を計算したものである。その具体的な水準については、約款では記載されていないが、死亡保険金を計算するための「約款別表(29)」が実質的にはこの計算基礎にあたるものと考えられる。そこではたとえば10年分の年金について、所定の年金額の10倍ではなく、利率で割り引いた9.600倍で計算されることが分かる。

なお現行約款では、年金の種類が確定年金のみとされているので、このような規定となるが、旧約款（8条）によれば、他の年金種類については、下記の取り扱いとなっていた。

第1に、一括支払の請求が可能なのは、確定年金と、保証期間付のタイプの場合とされており、（実務的には提供されていないものの）約款上の終身年金、有期年金では年金の一括支払は取り扱われない。第3の点とあわせると、要するに一括支払が可能なのは原資保証型の年金部分であり、トンチン型の年金部分については一括支払は行えないことになる。

第2に、保証期間が付けられている場合は、一括支払の請求は、保証期間が終了する前に限られる。保証期間終了後は、トンチン型の年金（純粋な生存年金）となってしまうからである。

第3に、一括支払される額は、確定年金の場合は将来の年金現価に相当する金額であり、保証期間付の場合には、保証期間の残存期間に対する年金現価に相当する金額である。

第4に、したがって若干奇妙なことではあるが、保証期間付の年金種類で、一括支払を受けた場合には、（しばらく何の給付も行われず、）保証期間終了後に、トンチン型の年金部分の年金支払が「再開」することになる。要するにトンチン型の年金部分は、契約において（何らかの）支払が開始した以上は、生存し

ている限りにおいて、当初の予定通りに支払われるということしかあり得ないのである。

## 7. 年金の支払方法選択

### (1) 支払方法

　年金の支払は、年1回とされている。そして約款2条により、毎年の「年金支払基準日に生存しているとき」に、1年分の年金が支払われることになる。（死亡すれば、「死亡一時金」が支払われる。これについては8.(1)で述べる。）

　なお公的年金では、年6回（偶数月）の支払となっている。生存していた月までは支払われ、死亡した翌月以降は支払われない。しかもいわゆる後払いであり、これらの点は個人年金保険と大きく異なる。

　すなわち個人年金保険でもトンチン型の年金の場合は、年金支払基準日まで生存していれば、以後1年分の年金を受け取れるので、公的年金と比べると、何がしかの端数分を多く受け取れる可能性が大きい。したがって公的年金よりその点では有利ということではあるが（もっとも契約者間では不公平が生じ得るし、これにより全体の価格（保険料水準）も少し上がることになる）、他方、契約応当日での支払なので、逆に公的年金より不利になることもあり得る。

### (2) 年金等の請求

　年金等の請求について、約款14条1項では、年金等の支払事由が生じたときには、ただちに会社に通知し、すみやかに必要書類を提出して年金等を請求するものとしている。ただし14条3項により、所定の場合は請求があったものとみなすこととしている。（いわゆる保険金不払問題への対応の一環と考えられる。）

　他方、年金等の支払に必要な場合（会社に提出された書類だけでは確認ができないとき）には、16条3項により、保険会社は所定の確認等を行うことがあるとされている。

　この点は、とくにトンチン型の年金での生存確認において問題となろう。（年金原資が確定している確定年金では、本人が死亡しても残額が遺族に支払われるだ

けなので、数理的には影響がない。）通常は保険会社による生存確認は、ハガキ・書類程度でしか行えない。訪問等により「本当に生きているかどうか」を確認することも不可能ではないが、件数が多ければ大きな事務負荷となろう。

(3) 時　　効
　保険金等を請求する権利は、「3年間請求がない場合には消滅します」とされている（契約基本約款26条）。いわゆる消滅時効の規定である。
　この時効規定については、その起算点や、対象（基本権・支分権）をめぐって議論があるが、保険会社側は他に問題がなければ時効規定を援用せずに支払に応じているようである。

## 8．死亡の際の給付──年金支払開始前の死亡保険金と、年金支払開始後の死亡一時金
　年金と並んで重要なのが、死亡の際の給付である。ここでは年金支払開始前の死亡の際と、年金支払開始後の死亡の際とで様相が異なる点に注意する必要がある。[10]
　商品の給付として主たる位置づけにあるのが、年金支払開始後の死亡に際して支払われる「死亡一時金」（約款2条）である。これは約款上も、年金といわばセットとして、保険の目的（主たる給付）となっている。
　これに対して年金支払前の死亡に際して支払われるのが「死亡保険金」（約款6条）で、両者はまったく異なる。なおこの死亡保険金は、旧約款（11条）では「死亡給付金」と称していたものであり、また保険会社によっても名称が異なる。

(1) 死亡一時金──「年金支払開始後」
　約款2条は、「死亡一時金」について、「被保険者が、第1回年金支払基準日

---

10) 「保険事故」を境として、大きく分かれているわけである。もっとも原資保証型の部分については、年金支払開始直前と直後とで、死亡や解約・一括支払の場合に受け取れる金額はそれほど変わらず、一定の連続性があるといえる。ただしトンチン型の部分については扱いが大きく変わる。

以後保険期間中の最後の年金支払基準日前に死亡したとき」に、「将来の年金の現価に相当する金額」が年金受取人に支払われるものとしている。

すなわちこの死亡一時金とは、確定年金および（現行の約款にはないが）保証期間が付けられた終身年金・有期年金において、年金と並んで主たる給付内容とされるもので、被保険者が年金支払開始後、年金支払期間中（確定年金の場合）ないしは保証期間中に死亡した場合に、将来の（ないしは保証期間の残存期間に対する）年金の現価に相当する額が支払われる。いいかえれば死亡一時金は、原資保証型の年金部分について支払われるものであり、トンチン型の年金部分については支払われることはない。

なお約款4条は、「年金受取人は、死亡一時金の支払に代えて、年金支払期間中、継続して年金を受け取ることができます」としており、死亡一時金については、それを年金受取人が一時金としてではなく、年金として受け取ることも可能である。この条項は、いわば分割払いであり、年金受取人がもし死亡した場合には、あらかじめ指定された後継年金受取人がその権利を継承するので、そこではトンチン効果（生死に伴う給付関係の変動）等は生じない。

(2) 死亡保険金――「年金支払開始前」

ここでは(1)で述べた年金支払開始日後の「死亡一時金」と明確に区別されるべき、「死亡保険金」について述べる。

約款6条は「死亡保険金」について、「被保険者が年金開始日前に死亡したとき」に、「別表の金額が、死亡保険金受取人に支払われる」としている。（ただし自殺等の際の免責事由が規定されている。）これは保険料払込段階での死亡保障、死亡時の支払額であり、死亡保険金受取人に支払われる。

具体的な支払水準は、「約款別表（29）」で以下の通りに記載されている。

（第1回年金額）×（会社の所定の率）×（経過年月数／保険料払込期間）

このときの「会社の所定の率」とは、年金額から、払込期間終了時までに目指している、いわば積み上げるべき目標年金原資を逆算するための数値といえる。いいかえればこれを乗じることにより、将来の年金総額の年金原価が計算

される。たとえば10年確定年金の場合は、「会社の所定の率」は10をその間の利率で割り引いた「9.600」という数値になる。

　そしてこの水準に、経過年月数／保険料払込期間を乗じるということは、いわば積み上げるべき目標年金原資までの到達度合を、期間按分で算出することを意味する（【図表2-3】参照）。

　やや実務的ではあるが、このように期間によって「単純に」比例的に按分するという点は重要である。すなわち保険契約としての責任準備金は、そのように「直線的に」積み上がってはいない。（保険料積立金に利息が順次付されていくからである。）したがってこの式は、年金支払開始前に死亡した場合には、実際の積立金額を超える額を支払うということを意味しており、いいかえれば一定の死亡保障機能といえる。（だから呼称としても「死亡保険金」となるのだとも考えられる。）保険料払込段階においては、この点において、個人年金保険が、貯蓄スキームと区別され得ることになる。

《生存保障重点型の商品》

　年金支払開始前の「死亡保険金」については、これとは異なる扱いを行う商品もある。すなわち保険料払込段階で死亡した場合には、標準的な商品のような死亡保障を行わず、既払保険料相当額等だけを返還するという設計である。このとき死亡時までに実際に積み上げられた額との差はいわば没収されて、その金額は保険集団に帰属することになる。このことにより、（生き）残った契約者の「収益率」は高まることになる。（これは一種のトンチン効果といえる。）このような商品は生存保障重点型などと呼ばれ、もっぱら保険料払込段階に特徴のある商品設計といえる。

　なおこのようなことから、この設計は「トンチン型の」、「トンチン性の高い」商品と称されることがあるのだが、やや紛らわしい表現ともいえる。用語の問題ではあるが、いずれにせよこれはあくまで保険料の払込段階（のみ）の問題であり、年金の受け取り段階については、トンチン性は問われない（たとえば確定年金でも構わない）ことに注意を要する。

　他方、政策的にもしも「何らかの」トンチン性の導入・強化（効率性の改善）

**【図表2-3】** 個人年金保険商品の基本的構造の比較（日本生命例）

標準型の商品

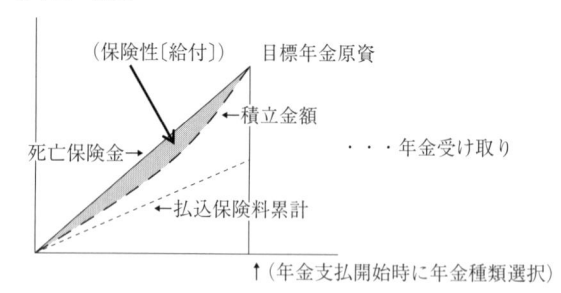

- （保険性〔給付〕）
- 目標年金原資
- 積立金額
- 死亡保険金→
- ・・・年金受け取り
- 払込保険料累計

↑（年金支払開始時に年金種類選択）

生存保障重点型の商品

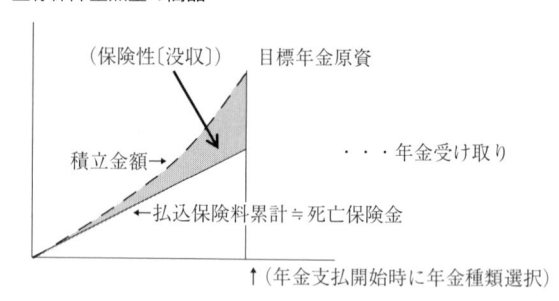

- （保険性〔没収〕）
- 目標年金原資
- 積立金額→
- ・・・年金受け取り
- 払込保険料累計≒死亡保険金

↑（年金支払開始時に年金種類選択）

〔参考：貯蓄スキーム〕（定期的に積み立てた場合）

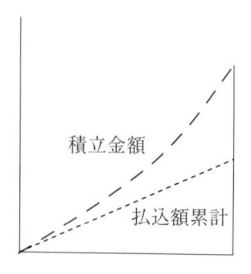

- 積立金額
- 払込額累計

が政策的な課題であるとすれば、このような設計の活用についての検討も重要だということになろう。

## 9. 解　約

### (1) 解約の可否

契約基本約款18条1項は、「保険契約者は、将来に向かって保険契約を解約し、解約払戻金を請求することができます」としている。他方、同条3項では「第1回年金支払日が到来している保険契約の解約を取り扱いません」としている。すなわち年金支払開始後は、解約により契約を終了させることはできなくなる。

これを前述した年金の一括支払（6.）とあわせて考えると、以下のことが分かる。すなわち原資保証型の年金部分（確定年金と、保証期間付のタイプの保証期間部分）については、年金支払開始後に、年金の一括支払を請求して、残存期間に対する年金現価を受け取ることができる。これは見方によっては（言葉の普通の意味での）解約のようなものである。（これは約款上の「解約」にはあたらず、後述する解約控除がないので、約款上の「解約」より有利ともいえる。）

そうすると結局、解約も一括支払の請求もできないのは、トンチン型の年金部分だということになる。いいかえればトンチン型の年金部分は、（何らかの）支払開始後は、当初の予定通りに支払われることしか「あり得ない」ということになる[11]。

なお繰り返しになるが（5.(1)②）、この点で、1契約としての保証期間付終身年金は、「（保証期間なしの）終身年金＋確定年金」として2契約構成を取った場合とは法的効果が異なることになる。まったく別の2つの契約として加入した場合は、終身年金の支払開始以前であれば、その解約も可能であろう。

以上をまとめると、【図表2-4】の通りとなる。

---

11) 別のいい方をすれば、トンチン型の年金は、年金支払開始年齢到達後には、被保険者が生存している限りにおいて、契約者自身による処分可能性からも離れて、いわば誰も手の届かないところで「淡々と」支払われるというスキームなのであり、いいかえればある種の強いプリコミットメントが働くともいえる。

**【図表2-4】 年金種類による解約・一括支払の取り扱い**

|  | 年金支払開始前 | 年金支払開始後 |
|---|---|---|
| 保証期間付年金<br>（終身年金・有期年金） | 解約可 | 解約不可<br>保証期間中は、保証期間残存部分につき一括支払可 |
| 確定年金 | 解約可 | 解約不可<br>残存部分（将来原価）につき一括支払可 |

### (2) 解約払戻金

　解約した場合に支払われるのが、解約払戻金である。解約が行われるのは、上記ないし契約基本約款18条3項から、年金支払開始前に限られることになる。約款18条は、「解約払戻金および責任準備金は、この保険契約の経過した年月数により計算します」としており、具体的には払込年月が浅いと解約控除がかかり、（責任準備額—解約控除）が解約払戻金の水準となる。また未払込保険料があるときは、その分は控除される（契約基本約款18条4項）。

　この解約控除には、かねてより消費者保護的な視点から批判が多いが、基本的にはその間の契約管理にかかる事務費に対応するもので、意図的なペナルティという性格のものではないと考えられる。いいかえれば契約締結後の早期の解約は、契約者、保険会社の双方にとって「損になる」ものといえる。[12]

## 第3節　個人年金保険の普及動向

### 1. 緒　説

　本節では個人年金保険の普及動向について、利用可能な統計を概観していきたい。具体的には、個人年金保険契約全体の動向（全般的なプレゼンス）と、そのなかでも年金種類の内訳（とくに終身年金が利用されているのかどうか）という2つに分けて統計をみていく。その際には、公式の全数調査の統計と、それ以

---

[12] 税制優遇の設計においては、早期引き出しへの「ペナルティ」が提言されることがあるが、法的には正面から（一定の行動を抑制するためだけに）「ペナルティ」を科すことが正当化されるかどうかは議論の余地がある。

外のいわゆる実態調査、サンプル調査とを分けてみる必要があろう。あわせて数値の見方として、あくまで保険商品に関する統計であることに伴う特性・独自性に留意する必要があり、とりわけ他の諸制度や金融商品等と比較する際には慎重さが求められよう。

なお基本的に取り上げる数値は、新契約（いわばフロー）ではなく、保有契約（いわばストック）にかかるものである。

## 2．個人年金保険（全般）についての統計

### (1) 全数統計

個人年金保険の販売動向の全数統計は、『インシュアランス生命保険統計号』（各年版）および生命保険協会のホームページ（生命保険事業概況）により把握することができる。逆にこれらだけが、公式の全数統計資料でもある。

そこで以下ではこれらの統計数値（2013（平成25）年度末）を概観しつつ、本書との関係で重要な点を指摘していくこととしたい[13]（【図表2-5】参照）。

① 契約件数

まず保有契約数（保険会社計）をみると、個人年金保険の件数は約2047.8万件（全社計。外資系や「かんぽ生命」を含む。以下同じ）である。これはたとえば日本の成年人口と比べれば、決して小さくない数値といえる。もっとも1人が複数の契約に加入していれば重複してカウントされている。

これに対して個人保険の件数（死亡保障商品等。個人年金保険は含まれない）は約1億4388万件で、日本の総人口も超えており（1人が複数の契約に加入していればやはり重複してカウントされている）、これと比べれば個人年金保険の契約件数は（その約14％にすぎず）少ないとはいえる。しかし、たとえば公的年金の被保険者数は約6718万人（2013年度末。公務員や第3号被保険者等も含む）であり、そのうちの約3割が個人年金保険に加入していると考えれば、むしろかなり普

---

13) 過去からのトレンド等については、中嶋邦夫「過去30年間の個人年金の加入動向」『ニッセイ基礎研REPORT』2011-7（2011年）12-17ページが要領よくまとめている。

【図表2−5】　個人年金保険の保有契約統計（2013年度末）

|  |  | 個人年金保険 | 〔参考〕個人保険 |
|---|---|---|---|
| 契約件数 |  | 20,478,248（件） | 143,881,525（件） |
|  | うち年金開始前 | 16,534,597 | ―― |
|  | うち年金開始後 | 3,943,651 | ―― |
| 保険料積立金 |  | 64,486,965（百万円） | 126,088,152（百万円） |
| 収入保険料 |  | 4,312,468（百万円） | 22,721,463（百万円） |

〔平成26年版『インシュアランス生命保険統計号』をもとに筆者作成〕

及しているともいえる。

　②　保有金額

　他方、金額ベースでみると、個人年金保険の保有金額は、約103.8兆円とされる。これに対して個人保険の保有金額は約857.5兆円であり、これと比べると相対的にはかなり小さい。

　ただしこの保有契約の「金額」とは、生命保険の各商品のストック規模をあらわすもっとも一般的な統計数値であるが、正確には個人年金保険に関しては、年金支払開始前の契約については「年金開始時における年金原資」――いわば積み上げるべき目標年金原資――の額が、また年金支払開始後の契約については「各時点における責任準備金」の額が計上されている（『インシュアランス生命保険統計号』（各年版）の「個人年金保険契約成績表」の備考欄に注記されている）。そしてこれらを便宜的に合計した数値が「個人年金保険の保有契約高」として毎年公表されており、2013年度末では上記の約103.8兆円がこれにあたる。（平成26（2014）年版の『年金商品のすべて』（新日本保険新聞社）でも、「保有契約高」として各社の数値が載せられ、「便宜上合算したもの」と注記されている。）

　しかしこの年金支払開始前と開始後の数値は、かなり意味合いが違うものであり、それらが上記のようにしばしば単純に合計して表記されることには違和感が大きい。もっとも年金支払開始前について、年金原資のいわば積み上げ目標額を契約高として表記するのは、死亡保障商品で死亡保障額を契約高として表記することとの並びからは理解できるものである。他方、年金支払開始後

は、実際には年金支払により原資が取り崩されているのに、その数値をそのまま置いておくのはおかしいとすると、このような表記とならざるを得ないのも理解できる。要するに保険商品としての数量的な表記としては、一定の合理性があるのであり、ただこれを他の数値と比較する際に、注意が必要なのだといえる。

また数値としては、死亡保障商品では（貯蓄保険料のウェイトが小さい分、）保険料に対して（死亡）保険金額が大きくなることを考えあわせれば、死亡保障商品との比較で個人年金保険の保有金額が小さくなるのは当然ともいえる。

③　保険料積立金

そこで保有契約の実際の金額的規模（実際にいくらの年金資産が保有されているか）をみるには、むしろ「責任準備金明細表」の「保険料積立金」を参照することが有意義ではないかと考えられる。（保険料積立金は、「資産」ないしは実際に積み立てられている金額という意味合いを持ち得るので、年金資産のとらえ方としては意味があろう。ちなみに責任準備金は、保険料積立金と未経過保険料、危険準備金の合計として算出されるが、責任準備金の大部分は保険料積立金であり、逆に危険準備金については統計上、保険種類で分かれていない。）

この点、個人年金保険の保険料積立金は2013年度末で約64.49兆円である。（前述した「保有契約高」よりもかなり小さい数値になる。積み上げ過程においては、年金支払開始時の年金原資額には当然達していないためである。）ちなみに個人保険の保険料積立金は約126.09兆円であり、個人年金保険の「資産」は個人保険の半分強ということになり、両者の「差」は接近することになる。もっともこの方法での比較は、商品性の違いから、「保有契約高」とは逆に、個人年金保険が（貯蓄保険料のウェイトが大きいため、）やや過大に評価されるともいえる。（なお団体年金保険の保険料積立金は約32.74兆円である。）

またこの数値は、いわゆる「個人金融資産1600兆円」と比べると微々たる規模といえるかもしれない。しかし、たとえば公的年金の積立金は約154.5兆円(2013年度末)であり、これはもちろん賦課方式による部分が大きい（すなわち積立方式ではない分、数値が小さくなる）にせよ、これと比べても個人年金保険の資産規模が決して小さなものではないことが分かる。

ちなみに毎年払い込まれる保険料の額でみると、2013年度で個人保険が約22.72兆円、個人年金保険が約4.31兆円であり、個人年金は個人保険の２割弱である。(なお団体年金保険は約3.85兆円である。)

これら統計の読み方（とくに個人年金保険と個人保険の比較）はきわめて難解ともいえるが、これはひとえに保険関係の諸統計が死亡保障商品をモデルとして数値が取られているためであろう。

④　保有契約の態様

保有契約の態様としては、件数的には年金支払開始前のものが圧倒的に多い。

すなわち上記の個人年金契約の保有件数約2047.8万件のうち、年金開始前契約が、約1653.5万件（80.7％）であり、年金開始後契約は約394.4万件（19.3％）にすぎない。保有されている契約のほとんどは、保険料の払い込み段階にあり、年金支払は開始していないのである。ただし前述したように、保険料払い込み終了後に、一括支払により以後の年金が支払われなくなること等はしばしばあり得る。（また年金開始後契約の件数・割合は、増加傾向にはある。）

ちなみに保有金額ベースでみると、年金開始前契約が約89.86兆円（１件平均で約544万円）、年金開始後契約が約13.93兆円（１件平均で約353万円）である。ただし前述した通り、金額の意味が異なるので、これらの単純な比較にはほとんど意味がない。

(2) **実態調査**

全数統計とは別に、世帯統計などの実態調査がある。代表的なものとして、生命保険文化センターによる平成24（2012）年度「生命保険に関する全国実態調査」に以下の数値があり、これによると個人年金保険に加入している世帯は全体の23.4％である（【図表２-６】参照）。

なお、個人年金保険の加入動向については、これらの調査をもとに、需要サイドからの分析（新契約の増減や、加入者の属性等々）が行われることがあるが、もし需要サイドに一定の傾向や変化があるとすれば、そこに大きな影響を与えた供給サイドの要因（保険会社側の商品・販売戦略等の経営判断）が別途あること

第2章　個人年金保険の概要

**【図表2-6】　個人年金保険の世帯加入率（全生保）　　（％）**

|  | サンプル数 | 加入している | 加入していない | 不明 |
|---|---|---|---|---|
| 合　　計 | 4,063 | 23.4 | 71.4 | 5.1 |

〔平成24年度「生命保険に関する全国実態調査」（生命保険文化センター）〕

がしばしば想定される。逆にいえばそれらを勘案せずに、需要サイドだけを取り出して分析しても意味に乏しいのではないかと思われる。

(3)　他業態との比較

　ここでは参考に、関連する諸制度についての統計数値をいくつかみておきたい。（数値は『週刊社会保障読本』（法研）、厚生労働省ホームページ等による。）

　(ｱ)　国民年金基金は、加入員数は約48万人（そのうち約8万人は職能型基金）、資産額は約3兆6069億円である（2013年度末）。

　(ｲ)　確定拠出年金は、全般的に増加傾向にあるが、個人型年金の加入者は約18万人、企業型年金の加入者は約464万人であり、資産額は約7兆4500億円（うち個人型の資産額は約2610億円）である（2013年度末）。

　(ｳ)　財形年金貯蓄は、契約件数は約193万件、貯蓄残高は3兆3751億円である（2013年度末）。

　生命保険の統計において、死亡保障商品と個人年金保険とでその統計数値の比較が容易ではなかったように、上記の各制度についての統計数値の意味合いも少しずつ異なり、そのまま横並びで比較するのは必ずしも適切ではない。しかしそれでもごく大雑把に（各数値の桁数を）みるだけでも、個人年金保険の契約規模はかなり大きいことが分かる。準公的年金等と比べて、個人年金保険の税制優遇の程度は高くないことを勘案すれば、なおさらであろう。

## 3．年金種類についての統計

(1)　全数統計

　次に、年金種類（「確定年金」、「終身年金」等）に関する統計をみてみたい。し

かし実は、この年金種類についての公式数値は、生命保険会社の全数統計ではとられていない。まずもって、この統計がないということ自体が重要であり、その意味合いについては以下のように考えられる。

まず年金支払開始前については、前節（第2節5.）で述べたように商品の仕組みとして、年金支払開始時に年金種類を最終的に決定（選択・変更）できることが多く、その場合は加入時に指定した年金種類はあくまで暫定的なものともいえるから、統計数値としてはあまり意味がないともいえる。もちろんこの統計があれば、契約者の加入時の選択を知る手がかりにはなろうが、結果的には（おそらく統計数値の意味と、事務負荷との見合いで）そういう統計はとられていない。

他方、年金支払開始後については、（1.(1)で述べたように）もともと件数も従来は少なく、それらをさらに細分化するような統計をとってもあまり有効なデータは得られないと評価されてきたのではないかと思われる。また保険会社としては、原資保証型の年金（確定年金等）では途中での一括支払等もある以上、どのような年金種類・支払期間の契約として年金を支払っているかには、従来あまり利害関心がなかったことも考えられる。

もっともこれは理屈が逆で、販売に際して標準的な設計として前面に打ち出される確定年金が、結果的にも大多数となっていることから、そのような統計を改めて詳細にとる（少なくとも全社で統一的にとって集計する）意味に乏しいと評価されてきたものともみられる。

《年金支払期間の推計》

ただし年金種類の分布については、別途いくつかの統計等からの推計は可能と思われる。

たとえば年金支払開始後の契約の消長についての統計は、「個人年金保険契約成績表」として公式数値がある（【図表2-7】参照）。これをみると、たとえば2013（平成25）年度の1年間に、新規に年金支払が開始した契約は、約103万件である。しかるに前述したように年金支払開始後の契約は、全体でも約394.4万件しかない。すなわち新規に年金支払が開始した契約件数（いわばフ

第2章　個人年金保険の概要

【図表2-7】　年金開始後契約の消長

|  | （件） | （対年始保有） |
|---|---|---|
| 平成25年度始　保有 | 3,522,774 |  |
| その他の増加（※1） | 1,029,698 | 29.2% |
| （減少計） | 613,032 | 17.4% |
| 　死亡 | 28,826 | 0.8% |
| 　支払期間満了 | 181,247 | 5.1% |
| 　その他の減少（※2） | 402,959 | 11.4% |
| 平成25年度末　保有 | 3,943,651 | 111.9% |

（※1）「金額の増加」以外の増加を示しており、実質的には年金支払開始と考えられる。
（※2）年金の一括支払と考えられる。
〔平成26年版『インシュアランス生命保険統計号』（保険研究所）をもとに筆者作成。ただし個社の数値に由来する統計上の不整合があり、年度始の数値に増減を反映させても年度末の数値と一致しない。〕

ロー）の約4年分しか、すでに年金支払が開始している契約件数（いわばストック）はないことになる。

　もしも支払が開始したのが終身年金であれば、その支払は、本人が死亡するまで続くはずである。有期年金であれば、死亡か期間満了まで続く。これが約4年ということは、まず考えられない。

　すなわち年金支払が開始した多くの契約は、死亡や有期期間満了「以外」の要因で、保有契約から脱落しているのであり、このことは逆にいえば、多くの契約が原資保証型の年金であることを意味する。前節（第2節7.）で述べた通り、トンチン型の年金では、解約も、一括支払も「あり得ない」からである。

　実際、この年度の年金開始後契約の減少をみると、「その他減少」（一括支払と考えられる）の数値が際立っていることが分かる（約40万件。支払期間満了は約18万件）。要するに、毎年多くの原資保証型の年金支払が開始し、同時に多くの原資保証型の年金が消滅している——すなわち「短期で回転している」——ということが、単年度の統計からも推測される。（なおこれらの統計数値の傾向は、以前からほぼ同様である。）

　ちなみに終身年金であれば、「死亡」によってしか終了しないが、「死亡」に

【図表2-8】 世帯主の個人年金保険の給付期間（全生保）（複数回答）　(％)

|  | サンプル数 | 5年間 | 10年間 | 15年間 | 終身 | その他 | 不明 |
|---|---|---|---|---|---|---|---|
| 合　　計 | 820 | 8.7 | 43.5 | 8.3 | 15.4 | 2.2 | 26.6 |

〔平成24年度「生命保険に関する全国実態調査」（生命保険文化センター）〕

よる減少は約2.9万件と1％にも満たない。

　なお簡易保険については、例外的に統計がホームページで公表されている。この年金保険「年金種類別統計（年金支払中契約）」（平成25（2013）年度）では、293.8万件のうち、終身年金が90.2万件（27.3％）となっている。（定期年金が189.9万件。その他は夫婦年金等である。）この割合が比較的高い要因としては、かつて販売面で終身年金を前面に出して訴求していたことに加え、簡易保険の個人年金は沿革としては郵便年金に遡り、そこでは郵便年金法により終身年金の提供が規定されていたことの影響などが考えられる。

　ちなみに一部の企業年金についてはいくつかの公的統計があるので、ここから推測することは可能である（たとえば人事院「民間企業退職給付調査」等）。そこでは（厚生年金基金以外では）確定給付年金（規約型）を中心に、確定年金（とくに支払期間10年の）が圧倒的なウェイトを占めている。これは、もともと退職一時金からの移行であるためであろう。

(2)　実態調査

　全数統計ではなく実態調査をみると、やはり生命保険文化センターによる平成24年度「生命保険に関する全国実態調査」に数値がある（【図表2-8】参照）。

　これによれば、終身年金は15％程度という一定のウェイトを占めていることが分かる。もっともただちに以下の留保を要しよう。

　すなわち第1に、サンプル数は800程度であり、そのうち終身年金と回答したのが100人強という数になる。統計数値としての意味はあるものの、個人年金保険の契約件数が約2000万件であることからすると、その0.01％にも満たないあくまでサンプル調査ということではある。

　第2に、回答として「不明」が多く、そもそも加入している契約の年金給付

期間を正確に認識して回答しているかどうかは疑問がある。(「年金なのだから、終身のはず」との思い込みがあり得ることも否定できない。)質問自体が「複数回答」であるという点も（少なくともこの質問については）理解できない。

第3に、前節（第2節5.）で述べたように、年金種類は最終的に年金支払開始時に決定（選択・変更）することができる場合が多い。少なくとも給付期間についてはむしろそのように選択できるのが一般的といえる。[14] この統計では回答者が年金開始前か開始後かも分けられておらず、そもそも両者が混じっていることも考えられる。(付言すると、終身年金には保証期間が付けられていることが一般的なので、ここで終身と回答しているケースでも、保証期間付きのケースがほとんどであろう。)

これらからすると、統計数値の意味合いには判然としない部分が大きく、したがってこの統計数値から、何かを読み取ること自体にも慎重にならざるを得ない。

そのうえでさらに指摘したいのは、もしこの統計数値に一定の意味があるとして、終身年金のウェイトをどう評価するかは、なお分かれ得るという点である。すなわち15%という数値自体、少ないとも少なくないとも評価可能である。たとえば給付期間「10年間」のウェイト（43.5%）と比べると、終身年金はその1/3以下ではある。しかし「不明」が26.6%もあるなかで、残りの73.4%のうちの15.4%が「終身」ということは、「不明」以外の約5人に1人は「終身」と回答しているのであり、ここから「終身年金は少ない」とまではとてもいいきれないように思える。

他にもいくつか参照可能な統計はあるが、いずれにせよここで改めて留意したいのは、終身年金は比較的少ないことが推測できるものの、少なくとも諸議論の「当然の前提」とするほど確固とした統計数値はないということである。私的年金において「終身年金をより普及させるべきだ」という主張の「当否」は別として、その出発点に「現在は、ほとんど普及していないから」という前提があるとすれば、それはアメリカの議論の直輸入であったり、単なる思い込

---

14) 第4章（註4）参照。

みである可能性もあり、学問的な議論としてはその論拠を明確に示すべきであろう。

## 4. まとめに代えて──諸統計から得られる知見

　以上の統計資料および若干の検討から分かることを、本書のテーマとの関係でまとめると、以下の通りである。

　第1に、「私的年金・個人年金は普及していない」という言説は、その比較対象が明らかでなければ意味に乏しい。生命保険会社の個人年金保険だけでも保有契約数・年金資産（保険料積立金）規模ともに、たとえば公的年金の諸数値と比べてみても、見方によってはかなり普及しているといえる。

　第2に、「終身年金は普及していない」との言説も、確たる統計的根拠は見出し得ない。これを正面から把握できる統計はなく、またそもそも年金支払開始後契約が、ウェイトとしても件数自体としても少ないのが現状である。（年金支払開始前の契約は、最終的な年金種類は決まっていないことが多い。）

　これらからすれば、しばしば「私的年金・個人年金は普及していない」、「終身年金は利用されていない」という点が議論の当然の前提とされるものの、検討の出発点の設定としては疑問が大きいといえる。

　しかしながら第3に、前述した若干の推計からすれば、個人年金保険の年金種類として終身年金は一般的ではなく、また少なくとも年金の受け取り段階において、原資保証型の確定年金が大きなウェイトを占めていることが推測できる。

　さらに個人年金保険の「外」には、さまざまな貯蓄的なスキームの金融商品が大量に保有されていることは、ほぼ共通の了解といって良い。

　これらからすると、個人年金商品が全体として普及しているかどうかにかかわらず、終身年金やトンチン型の年金は、そのなかで（件数・資産量としても）小さなボリュームしか有しておらず、さらに他の諸金融商品をあわせて考えると、それらが貯蓄的なスキームの圧倒的なボリュームのなかでごく微細なウェイトを占めているにすぎないことが推測できる。（日銀の資金循環統計（2013年度）によれば、個人金融資産は現金・預金を中心に1600兆円を超えている。）

## 第4節　個人年金保険の税務取扱

　商品内容と不可分の要素として、税務上の取扱は重要である。ここでは本書のテーマとの関係で、保険料の払い込み段階の保険料控除を中心に、その概略を述べておきたい。

　すなわち通常、生命保険契約の保険料については一般の生命保険料控除が適用されて、所得税法上優遇されている。これに加えて個人年金保険料控除制度があり、これに該当すると一般の生命保険料控除とは別枠で、所得控除（2012（平成24）年以降の新契約は最大4万円、それ以前の契約については最大5万円）が適用される[15]。

　所得控除なので、課税所得がその分減ることになり、この部分に該当する税率を乗じた額だけ減税されることになる。同様の仕組みで地方税についても優遇される。

　この控除額は、年間2万円までは保険料全額が算入されるが、それを超えて4万円まではその超過分の1/2が、さらに8万円まではその超過分の1/4が控除に算入され、8万円を超える場合は、一律4万円が控除額となる。いわゆる超過逓減方式であり、支払保険料の合計額が大きくなるにつれ、その部分の税制メリットは小さくなる（【図表2-9】参照）。

　ただし第1節で紹介した国民年金基金や確定拠出年金と比べると、いずれにせよその税制メリットの規模は大きなものとはいいがたい。

　保険契約の内容としては、「個人年金保険料税制適格特約」が追加されることで、税法上の要件を満たすことになる。この特約で定める税制適格要件は、現在、以下の通りであり（特約1条）、これらをすべて満たす必要がある。

---

[15]　2010（平成22）年の制度改正では、介護医療保険料についても別枠で控除が設けられ（最大4万円）、これに伴い2012（平成24）年以降の新契約については、一般生命保険料および個人年金保険料の控除額の上限が5万円から4万円に引き下げられた。（これら3種類の控除上限の合計は10万円から12万円になっている。）

**【図表2-9】 個人年金保険料控除額の計算**

| 年間の支払保険料等 | 控除額 |
|---|---|
| 20,000円以下 | 支払保険料等の全額 |
| 20,000円超　40,000円以下 | 支払保険料等×1/2＋10,000円 |
| 40,000円超　80,000円以下 | 支払保険料等×1/4＋20,000円 |
| 80,000円超 | 一律40,000円 |

> 第一に、年金受取人は保険契約者またはその配偶者のいずれかであること。
> 第二に、年金受取人は被保険者と同一人であること。
> 第三に、保険料払込期間が10年以上であること。
> 第四に、年金支払開始日における被保険者の年齢が60歳以上で、かつ、年金支払期間が10年以上であること。

　この内容は、所得税法および政省令の規定（所得税法76条2項およびこれを受けた所得税法施行令211条、212条等）に由来するものである。

　なお国税庁ホームページでは、「平成24年1月1日以後に締結した保険契約（新個人年金保険料）」についての要件として、以下のような記載がある。

> 　対象となる保険契約等の主なものは平成24年1月1日以後に締結した（…）契約のうち年金（退職年金を除きます。）を給付する定めのある保険契約等又は他の保険契約等に附帯して締結した契約で、次の要件の定めがあるものをいいます。
> （イ）年金の受取人は、保険料若しくは掛金の払込みをする者、又はその配偶者となっている契約であること。
> （ロ）保険料等は、年金の支払を受けるまでに10年以上の期間にわたって、定期に支払う契約であること。
> （ハ）年金の支払は、年金受取人の年齢が原則として満60歳になってから支払うとされている10年以上の定期又は終身の年金であること。
> （注）被保険者等の重度の障害を原因として年金の支払いを開始する10年以上の定期年金又は終身年金であるものも対象となります。

　これらの規定内容を細かく比べてみると若干の違いがあるが、とくに現行の商品（約款）では契約締結時に終身年金の選択を認めていないことから、齟齬が生じているものと考えられる。（特約の文言自体、契約締結時に終身年金を扱って

いた時期のものとは若干改変されている。）

　なおこれに該当しない場合は、一般の生命保険料控除の対象となる（所得税法76条1項）。

　これらのうち、まず保険料払込期間については、10年以上を求めることで、一時払のケースを排除し（たとえば退職金を保険料に充当する場合は適用できない）、短い年数での駆け込み的な払い込みも対象から除外している。いいかえればある程度、現役期のうちから老後に備えることが税制的にバックアップされており、老年期になってからの余資運用的な税制優遇枠の利用には制限を加えたものといえる。

　また年金支払開始年齢と年金支払期間については、早い時期（60歳より前）に支払が開始するものは対象外であり、また支払期間が短いもの（10年未満）も、対象外だということになる。（ただし所得税法施行令212条の規定からすると、終身年金であれば年金支払開始年齢については問われない。）

　いいかえれば年金支払開始年齢については、老後保障目的からはずれてはならないという趣旨であり、また年金支払期間については、ある程度長期にわたる定期的な支払（生活費に充当するイメージ）でなければならないという趣旨と考えられる。

　たとえば「50歳年金支払開始、（70歳までの）20年支払」というケースでは、前半の10年（50歳〜60歳での支払）が税制優遇の趣旨に反することになり、また「70歳年金支払開始、（75歳までの）5年支払」というケースでは、その受給の態様（5年間で払い出す）が税制優遇の趣旨に反することになる。

　また控除への算入方法としては、超過逓減方式としており、これにより多く拠出したときに、それと直線比例的に多くの税制メリットを受けることに歯止めをかけている。

　もっともこれらはあくまで契約締結時の条件である。すなわち契約締結後、途中で解約したり、年金の一括支払等を受けた場合でも、過去の所得控除による税制優遇分が取り消されて遡って返還を求められたり、ペナルティを科されたりすることはない。この点で、制度の濫用（機会主義的な行動）のおそれがあることは否定できないが、自助努力支援の要請と、現行の控除額の水準（それ

ほど高いものではない)から、容認されているものと考えられる。[16]

ただし「個人年金保険料税制適格特約」の2条7項1号においては、「第1条(特約の付加)の第2号から第4号までに定めるこの特約の締結時の条件に反することとなる主契約の内容の変更等は取り扱いません」としており、一定の制限をかけている。すなわち税制適格の契約内容を、そうでない内容に変更して契約を継続、年金等を受け取ることは許されないわけである。

このような契約変更は明らかな脱法行為であり、しかも契約当初にまで遡及的に課税するのは実務的に困難を伴うことから、そもそもこのような取扱を約款で禁止することになっているものと考えられる。

なお、以上は保険料の取扱を中心に述べてきたが、年金を受け取る際には、契約者本人が受け取る場合は払い込んだ保険料との差額が雑所得として課税される。(「公的年金等控除」の対象にはならない。)契約者本人以外が受け取る場合には贈与税が課税される。また一時金で受け取る場合や、解約払戻金については、一時所得として課税される。

### 〔補説〕 諸外国の私的年金の動向

私的年金に関する諸外国の動向については、最新の内容が刻々変わっている(しかも随時紹介されてきている)ことから、ここで中途半端に言及しても意味に乏しいと思われるが、近時とくに日本で参照されることの多い、アメリカ、イギリス、ドイツの動向について、その歴史的な文脈というべき点を中心に、最小限紹介しておきたい。(なお諸外国の動向についての全般的な参照文献としては、厚生労働省『2013年 海外情勢報告』がある。)

### 1. アメリカ

まずアメリカについては、そもそも歴史的に公的年金が薄く、私的年金中心

---

16) 少なくとも保険料の払い込み段階では、自分の老齢保障に向けた(真摯な)自助努力であったが、結果的に(何らかの事情で)年金での受け取りに至らなかった、という見方になるものと考えられる。

に発達してきた国であり、それに対する税制優遇も早くから進められてきた。

また確定拠出年金を重視してきたのもアメリカであり、そこで中心になってきたのが401(k)プランとIRA（Individual Retirement Account）である。（個人ごとの勘定を重視するあたりは、アメリカらしいともいえる。日本も確定拠出年金については、直接アメリカの401(k)プランを参照して導入したものである。）とくにIRAは、もともとは1974年のエリサ法により設けられ、401(k)プランを利用できない対象のための位置づけでもあったが、他制度からの移管の受け皿ともなり、幅広く普及してきている。通常型のIRAの税制優遇は2013年から拡大され、拠出段階で年間5500ないし6500ドルの非課税措置がある。（通常型のIRAとは別に、Roth IRAという種類があり、こちらは給付時非課税となっている。）

アメリカでは商品のいわゆるアンバンドリング（ばら売り）が全般的に進んでいて、そのなかで年金の積み上げ部分の仕組みとしてIRA等の確定拠出制度が発展し、さらに強化されてきているものともいえる。（その意味で、むしろ強制貯蓄の派生物との印象もある。）

さらに2006年の年金保護法により、後述するイギリスとも類似した、個人退職勘定への半強制的な制度（とくに異議を唱えないと加入することになる）の手法が導入され（これは公的年金の一部民営化的な方向でもあり、第5章で述べるソフト・パターナリズム的な手法でもある）、またオバマ政権でも一般教書演説において、上記手法とともに、すべての勤労者に積み立ての機会を提供するMyRA（My Retirement Account）構想が打ち出されている。

他方、その終身年金への接続については進んでいないといわれ（このことが日本の議論に影響を与えている）、アンバンドルのままともいえるし、自己責任重視の色彩が色濃く残っているともいうべきであろう。

基本的に政府は国民の老後保障に積極的な形ではかかわらないなかでの私的年金の奨励であり（公的年金の保険料引き上げが政策選択肢にも上がらない国でもある）、いいかえればもともとあまりかかわっていないところ、税金を「取らない」という、いわば「より関わらない」ようにする形での政策対応を進めているものともいえよう。

日本でもIRAをモデルとして、その「日本型」の個人退職勘定の提案がい

くつか出されている。

## 2. イギリス

　次にイギリスについては、「ゆりかごから墓場まで」の国でありながら、実はアメリカと同様に、公的年金は伝統的に薄い。(もともとベヴァリッジ報告にもそういう志向性があったが、その傾向がさらにサッチャー時代等を通じて強まっている。)

　また職域年金の適用除外(コントラクトアウト)という形で、公的年金の枠内で、私的年金をいわば組み込む手法をいろいろ工夫してきた国でもある。(1986年に導入された適格個人年金(APP)や、2001年から行われたステークホルダー年金もこの流れのなかに位置づけられよう。)

　それが近時は、2012年から導入されたNEST(National Employment Saving Trust)という仕組みが注目されている。これは2008年の年金法により、職域年金の未加入者に対して、個人口座の開設を求めるものであり、賃金に対して被用者が4％、事業主が最低3％、国が1％を拠出する。企業の従業員や自営業者等が加入し、運用ファンドを選択する確定拠出、個人勘定の仕組みである。

　支払開始時点の資産の25％までは一時金で受け取ることができる。残りの部分については、終身年金に向けられる。

　そして事業主が従業員を何らかの(NESTを含めた)職域年金制度に半自動的に加入させる仕組みにしているのが大きな特徴である。いわばネガティブオプションで、明確に否定しない限り、自動的に加入することになるが、逆に明確に否定して加入しない(opt-out)ことは可能である。この手法は日本でも注目されている(第5章(第4節)参照)。

　これにより、職域年金のない企業の従業員、(貯蓄に努めない)中・低所得者への普及が企図されている。

　もともと私的年金に対して、それを半分取り込むような形で年金制度の枠内に位置づけてきたイギリスが、さらに一段、いわば半強制保険(準自賠責的ともいうべきか)のような形で位置づけてきているともいえる。

## 3. ドイツ

　最後にドイツは、アメリカ・イギリスとは逆に、公的年金の水準が高く、高齢者も公的年金に強く依存している国である。それが近時、急速に変わってきて、とくに2002年から導入されたリースター年金、あるいは自営業者向けのリューリップ年金（いずれも大臣の名前を冠したものである）という私的年金が大きく位置づけられるに至っている。

　その背景は、高齢化の進展に東西ドイツ統合等が重なって、公的年金が急速かつ大幅な縮減を迫られたためである。すなわちここでは端的に私的年金による公的年金の代替が企図されているといってよい。

　このなかでリースター年金は、被用者を対象とした任意加入の仕組みで、その後、加入手続きが簡素化されて契約数も増加している。運用商品を選択して加入するが、元本が保証され、また終身年金の組み込みが求められている（遅くとも85歳までに支払開始）。年金支払開始時に3割までの一時金での受け取りが可能である。

　また所得控除と並んで政府からの補助がマッチング拠出の形で行われている。それは加入促進と同時に、低所得者対策でもあり、低所得者や多子世帯には補助が手厚くなっている。

　もともとの公的年金の厚さからしても、これは日本としても参照しやすい内容だともいえる。しかし公的年金の補完ではなく、代替であるという点、つまり公的年金の縮減とセットであり、公的年金からのウェイト（および財源）のシフトである点には注意を要する。

　そこには度重なる政権交代、また東西ドイツ問題も背景にあるなかで、とくに緑の党を含めた左派連立政権のニューウェーブ的な（ある意味では左派リバタリアン的な）政策という印象もある。


　これら以外の国でも、同様の動きがみられ、それぞれ注目を集めている（たとえばカナダのRRSP（Registered Retirement Savings Plan）、フランスのPERCO（Plan d'épargne pour la retraite collectif）など）。またかねてよりスウェーデンでは公的年金の枠内で、個人単位の確定拠出部分が導入されたことが注目されている。

❖ 第3章 ❖

# 個人年金保険の商品性とその位相

## 第1節 緒　説

　年金に関する公私の役割分担については、盛んに議論されてきているが、そのなかで個人年金が取り上げられることは少ない[1]。実務的な解説記事等において、個人年金商品に言及されることはあるものの、学術的な文献において、具体的な商品内容に即した形で取り上げられる機会には乏しい。

　もともと年金の政策論において、これまでも個人年金が具体的な形で注目されることはほとんどなかった。私的年金の1つとして抽象的に言及されることはあっても、実際の議論は、ほぼ企業年金に集中していたといってよい。その理由としては、以下の点が考えられる。

(1)　ベーシックな位置づけとプレゼンスの低さ

　まず、個人年金のベーシックな位置づけの問題がある。

　すなわち私的年金のなかでも企業年金の方が、とくに厚生年金基金を中心に、直接的な政策対応が可能であるという意味で、またいろいろ事件や問題が起きたことも含めてプレゼンスが大きく、注目されやすかった。これに対して個人年金は、銀行などを含むさまざまな金融業態が扱っており、その内容も多

---

[1] ただしとくに民主党政権下では、議論は下火であった。本章の初出である「個人年金保険の商品性とその位相」『日本福祉大学経済論集』45号（2012年）3-4ページを参照。

様で、そもそも検討対象として扱いづらいところがある。さらに2001年に確定拠出年金制度が創設されて、その1つの柱に「個人型」もあり、ますます旧来の個人年金（商品）は目立たないものとなってきた。

(2) 低金利によるダメージ

加えてバブル崩壊以降の長期的な低金利は、とくに生命保険会社の個人年金保険に大きなダメージを与えている。

すなわち保険会社側の大きな要因として、いわゆる逆ザヤ問題がある。生命保険商品は、一定の予定利率を設定して保険料を計算しているので、その水準を運用により上回ることができなければ、保険会社にとっては収益を圧迫することになる。長期的な低金利は、とりわけ貯蓄性の高い商品に関して、この懸念を現実のものとした。

またそれは国民にとっても、個人年金商品の魅力を失わせた。保険商品では事務経費が一定程度かかるので、予定利率をあまり高く設定できないようになると、そこから事務費を差し引くと、実質的には運用による利回りがほとんど見込めなくなってしまう。要するにいわゆるタンス預金に近づいてしまい、あえて個人年金に加入する意味が乏しくなってしまうのである。[2]

(3) 相対的に小さな税制優遇

さらに税制優遇にかかる問題がある。公的年金を補完ないし代替する役割を個人年金に与えようとしても、これらが税制面でも魅力的で訴求力を有していないと実際的な期待が難しい。

とくに生命保険会社の個人年金保険においては、その保険料にかかる税制上の所得控除が重要な役割を果たしている。すなわち個人年金保険の普及が進むかどうかは、税制優遇措置のあり方に大きく依存している。

ところがこの税制優遇措置は、現在、一定の水準の所得控除が行われている

---

[2] 保険料には事務経費に充てるべき部分（いわゆる付加保険料）が含まれているが、顧客・契約者にとっての実質的な利回りは、あくまで支払った保険料（合計）と受け取る金額との関係で決まってくる。

ものの（契約日により年間で4万円ないし5万円が上限）、所得控除額に税率を乗じたものが実際的な減税メリットであることから、これらはさほど高い水準とはいいづらい（年間で数千円にとどまる）。しかも2001年からはじまった確定拠出年金において、月額で数万円規模の所得控除が認められているのと比べて、見劣りする点は否めない。また年金ではないものの、株式や投資信託を対象とした少額投資非課税制度（いわゆるNISA）にしても、「少額」といいながら、非課税投資枠の上限は年額100万円に及ぶ。（2014年現在。その引き上げや対象拡大が議論されている。）

他方、生命保険会社の保険料控除については、むしろ役割を果たし終えたのではないかとの批判があり、また実際の税制においては、新たに介護医療保険料の優遇枠を設けたことで、個人年金保険（2012年以降の新契約）にかかる控除枠は、年間5万円から4万円に縮減されている。これらから、現行の個人年金保険にかかる税制メリットは魅力を失っているといわざるを得ない。

これらのベーシックな事情、すなわち個人年金の位置づけ・プレゼンスの低さに、昨今では上記のような個人年金を取り巻く諸事情——低金利に伴う商品的魅力の減退と、税制メリットが相対的に小さいことによる類似スキームのなかでの埋没——が重なってきている。やや議論は錯綜しているが、個人年金を取り巻く環境はきわめて厳しいものとなっており、これらの要因が重なるなかでは、個人年金の存在が注目されないのは当然というべきかもしれない。

しかし、この個人年金については、いくつかの点から、なお取り上げるべき意義があるように思える。

すなわち第1に、個人年金が注目されていないのは、国民にとって必要とされていないというよりは、前述したような経済環境等による要因が大きく、またそれらが永続するとは限らない。個人年金を取り巻く運用環境は今後、少なくとも今より好転することはあり得るし、あるいは（低い）金利水準に対する評価が変わってくることもあり得よう。（別に個人年金にとってだけ金利が低いわけではない。）

他方、第2に公的年金については、今後とも大幅に給付が改善するとは考え

にくく、さまざまな改革方向が提示されているものの、いずれにせよその守備範囲は支給開始年齢等を含めて限定されていく可能性が大きい。いいかえれば公的年金のみによって、十全な老後保障は想定・実現しづらい。

老後保障を公的年金だけではカバーしきれないとすれば、私的年金の役割は残らざるを得ないし、むしろ大きくなることが考えられる。そして私的年金としては企業年金もあるが、少なくとも現下の状況では企業年金も給付水準等が拡大していく方向にはない。

第3に、このように個人年金が、ある意味では一貫して具体的な形では注目されてきていない1つの背景には、個人年金（とくに個人年金保険）というものが正確に理解されていないという点があるように思われる。逆にいえば、ある程度正確な理解をするならば、そこから新たな知見を――具体的には私的年金の役割について、また公的年金との役割分担について、さらには日本人にとって年金とは何かを考えるうえでの示唆等も――得られる可能性がある。

そこで本章では、具体的な個人年金保険の商品構造について、簡単な素描を試みることで、以後の検討に向けた準備作業としたい。

## 第2節　個人年金保険の商品性

そもそも個人年金として、何を取り上げるかは検討を要するが、ここでは民間の生命保険会社による個人年金商品を扱いたい。税制上の取り扱いを含め、公的年金と強い対峙関係にあるのは個人年金保険だからである[3]。

個人年金保険では、通常、保険料を一定期間払い込んで、支払開始年齢から、一定期間にわたって年金を受け取るという形が取られる。ここではこのような、保険料の払い込み段階（いいかえれば積み上げ（build-up）過程）、年金の受け取り段階（いいかえれば払い出し（cash-out）過程）、その両者の結節（保険事故）という3つのフェーズに分けて、その商品性に立ち入って分析的にみていきた

---

3）　個人年金商品のバリエーションおよび生命保険会社の個人年金保険商品については、第2章を参照。

第3章　個人年金保険の商品性とその位相

【イメージ図3-1】

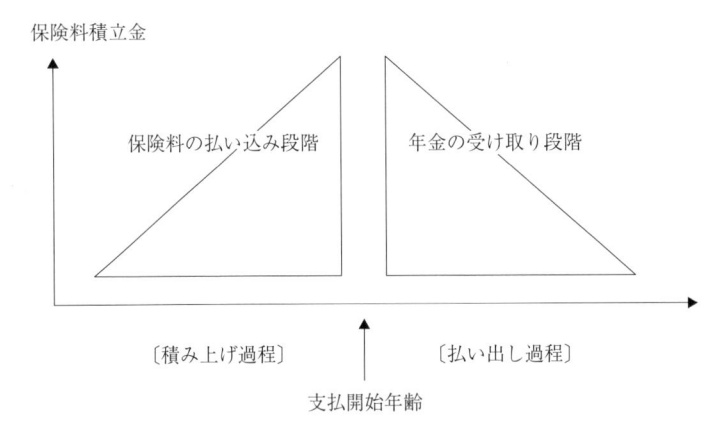

```
保険料積立金
  ↑
  │   ／│          ／│
  │  ／ │         ／ │
  │ ／保険料の  ／年金の
  │／払い込み段階／受け取り段階
  │／       │／        │
  └────────┼─────────→
   〔積み上げ過程〕 〔払い出し過程〕
           ↑
         支払開始年齢
```

い（【イメージ図3-1】参照）[4]。

## 1．積み上げ過程

　第1の積み上げ過程においては、一般的には定期的に保険料が払い込まれ、いわゆる老後に向けた事前拠出、積み立てが行われる。この部分で税制面では前述した個人年金保険料控除が適用される。

　しかしこの積み上げ過程を、個人年金保険の商品構造における本質的なフェーズと考えるかどうかは意見が分かれ得る。現役期から、老後に向けて事前に準備しておくべきだという考え方からすれば、もちろん個人年金保険の本質的なフェーズだということになるが、少なくともこの部分については、何ら

---

[4] タテ軸ないしは高さは、保険料積立金の水準（残高）をあらわしている。つまり払い出し過程において、年金支払に伴って年金原資が減っていくことをあらわしている。（各回に支払われる年金額自体が逓減していくわけではない。）ただし年金原資は個々人で区分管理されているわけではなく、他の商品も含めて合同で運用されるのが普通なので（いわゆる一般勘定としての保険資産）、たとえば運用状況や長寿等によって、その人の年金原資が尽きて「打ち止め」になることはない。
　なお保険料積立金と年金原資とは別の概念だが、ここでは便宜的に両者を同視してタテ軸に位置づけている。

かの形で年金原資となる費用を準備すればよくて、端的には一時払でも構わないのであり、その意味では保険の本質ないしは「保険性」というべき要素——あるいはリスク移転の要素——は、あまり見出しづらい。

ちなみに普通の（死亡保障に重点を置いた）保障性の保険商品では「事前積み立て」というイメージはあまりなく（実際には平準保険料方式により、積み立ての意義は大きいのであるが）、とにかく保険に加入すれば、保険料の支払実績（その累計額）にかかわらず、保険事故が発生すれば一定の保険金（保険給付）を受け取れるというのが基本的な図式である。だからこそ保険は貯蓄とは違うのであり[5]、これと比べると個人年金「保険」というが、その積み上げ過程では保険的な要素に乏しく、預貯金等の通常の貯蓄とあまり変わらないともいえる。

ただし以下の点を補足しておきたい。すなわち第1に、積み上げ過程においては、死亡保障が付加されているのが一般的である。具体的には積み上げ過程における死亡の際には、保険料積立金を上回る死亡給付が行われるという設計である。むしろ従来は、これが保険商品の「保険性」——他の金融商品、あるいは通常の貯蓄による積み立てとの違い——として位置づけられていた面もある。

第2に、積み上げ過程においても、逆にいわゆるトンチン効果を効かせた（すなわち死亡保障が「薄い」）生存保障重点型の商品設計のパターンもある。そのことにより、保険料水準を抑えることが可能になる[6]。

第3に、たとえばアメリカと比べてみると、この積み上げ過程について述べてきたことは、必ずしも日本に独自なものではないともいえる。アメリカの個人年金商品でも、積み上げ過程では保険性云々とはあまり関係なく、単に積み上げているものといえる。

---

5）「貯蓄は三角、保険は四角」という表現がされる。これは保険では支払った保険料累計額（徐々に増えていく）にかかわらず、どの時点でも保険事故が発生すれば、あらかじめ約定された一定の保険給付が受け取れることをあらわしている。

6）もっとも第2章（第2節）で述べたように、中心的な商品とはなっていないようであり、後述するような「没収」リスクへの忌避がここでもあらわれたものと考えられる。

## 2. 払い出し過程

　第1の保険料の積み上げ過程によって、一定額の保険料積立金——年金原資が形成される。これを定期的に、年金給付の形で取り崩していくのが、個人年金保険の払い出し過程である[7]。

　この年金種類にはバリエーションがあるが、公的年金のような終身年金よりも、一般的なのが確定年金といわれる形態であり、他に有期年金や、終身年金に一定の保証期間がつけられることもある。また年金ではなく一時金として一括して受け取ることも一般的に可能である。

　したがってこのフェーズにおいても、保険の本質ないしは「保険性」というべき要素——あるいはリスク移転の要素——は、必ずしもあらわれていないことになる。一時金として支払われるなら、それはそのとき限りだということになるし、確定年金であれば、いわばその分割払いである。事前の拠出により積み上げられた一定の保険料積立金——年金原資が、何らかの形で確実に払い戻されるということであれば、そこにリスク移転の要素はなく、「保険」とはいいがたい。終身年金であれば、保険数理（死亡率）が用いられており、結果的に積み上げた年金原資と年金の受取総額が一致しないのが普通になるが、少なくとも終身年金という形態が一般的とはいいがたい[8]。

　いいかえれば、この払い出し過程というフェーズは、個人「年金」保険の商品構造において中核的な部分と考えられるものの、実際の商品設計ではその評価は別として、必ずしも年金としての、さらには年金保険としての実質を備えておらず（ないしはリスク移転の要素を備えておらず）、大雑把にいえばやはり貯蓄の取り崩しに近いことが分かる。

　ただし以下の点を付記しておきたい。すなわち第1に、払い出し過程が「貯蓄に近い」といっても、逆に保険数理を用いた（トンチン型の）年金種類については、まさに保険商品だといえ、たとえば死亡率（生存率）を用いて設計す

---

7）「取り崩す」といっても、積立金が個人ごとに管理されているわけではない。註4参照。
8）　むしろ終身年金は少ないとしばしば指摘される。ただし第2章（第3節）で述べたように、年金種類等を年金支払開始時に選択できる以上、正確に統計的な把握を行うことはきわめて困難である。

る終身年金を、他の金融機関が取り扱うことは、保険業法の規制等のもとでは難しい。

　第2に、このようないわば通常の貯蓄への近接は、必ずしも保険会社の経営判断のみによりこうなっているわけではなく、少なくとも過去の行政指導が関与していることが推測される。とくに保険料として拠出した額が戻ってこないという「年金原資の没収、掛金の元本割れ」のリスクは、日本人には理解・納得しづらい面があり、消費者保護的な要請にもとづく行政からの関与ないし介入が想定されるからである。

　第3に、たとえばアメリカと比べてみると、積み上げ過程と同様に、このフェーズについて述べてきたことも、必ずしも日本に特殊な事情であるわけではない。アメリカの401(k)プラン等の確定拠出年金などにおいても、給付形態として終身年金は多くないと指摘されている[10]。

## 3．両過程の関係ないしは「保険事故」

　積み上げてきた保険料積立金が、一定の事由の発生によって、年金として払い出す原資に転化する。この2つのフェーズを結びつける「保険事故」(保険給付事由) は、年金の支払開始年齢への到達であり、この保険事故に伴う年金等の支払は、実際の退職や所得の喪失、就労不能等とは関係なく、あらかじめ決められた年齢が来れば開始される。他方、支払開始年齢は契約当初に一応決めるものであるが、その設定は任意であるし、あとから変更できることもあり、いわば暫定的なものともいえる[11]。また年金支払形態（一時金受け取りを含めた年金種類等）も契約当初に一応決めるものの、年金支払開始時等に適宜変更できることが多い。

---

9）　これらの表現につき、第4章（註8）参照。
10）　臼杵政治「終身年金パズルについて」『ニッセイ基礎研REPORT』2011-3（2011年）30-37ページ。
11）　年金支払開始時期は、うしろに繰り下げることができる場合が多い。他方、年金支払開始時期を前に繰り上げることはできないが、年金支払開始前でも途中解約すれば、解約払戻金を受け取ることはできる。第2章（第2節）参照。

ちなみに保険事故が発生しない――すなわち一定年齢より前に死亡する――と、保険料積立金や、それを超える水準の死亡給付が支払われる。つまり保険事故が起こっても、起こらなくても、給付のあり方や受取額を実質的にはそれほど大きく左右しないといえなくもないわけで、その意味では保険事故という保険商品にとって本質的であるはずの要素が、ややあいまいな位置づけにあるということになる。[12]

　これらに関して以下の点を補足しておきたい。すなわち第1に、個人年金保険においては、もともと積み上げ過程がなかったり、払い出し過程がなかったりすることがある点からすれば、保険事故概念があいまいなのは当然ともいえる。しかし保険商品の通常の、あるいは保険本来の考え方からすると、保険事故が明確であることは本質的な要請のはずであり（そうでなければリスク移転ということはできないからである）、そこが柔軟・弾力的、ないしはあいまいであるというのは、やはりあえて指摘すべき点であろう。

　第2に、一定の年齢から年金支払が開始されるというのは、たとえば公的年金もそうである。公的年金においても、それは退職や所得の喪失、就労不能等と関係なく、一定年齢で年金支給は開始され、また支給開始年齢の繰り上げ・繰り下げの余地もある。したがって年金の保険事故というのは、そういうものだという理解も可能であろう。いいかえれば上記の点は、個人年金保険に限らない事柄ともいえる。[13]

　しかし個人年金保険では、その保険事故の設定・変更が非常に柔軟ないし弾

---

12) 保険事故について法的に議論するとすれば、年金給付に対する権利については基本権（そもそもの年金支給にかかる）と支分権（各回の年金支給にかかる）に分かれており、何らかの形で各回の年金支分権にも立ち入ってみる必要があるが、ここではもっぱら基本権――年金支払開始時点を問題としている。ただしトンチン型の年金については、年金支払開始後には各支払期に生存しているか否かにより、支払の有無が截然と変わってくる。

13) その設定の任意性という意味では、むしろ生命保険会社の養老保険における「満期」を想起させるところがある。

力的であり、たとえば支払開始年齢を比較的早期に設定するのも可能であることからすると[14]、保険事故は老齢にかかるリスクに、フィクショナルな意味でも必ずしも対応していないことになる。

つまり公的年金では一定の、少なくとも一般的には「老齢リスクが実現した」(ないしは稼得能力が失われた、就労困難な状態になった等) と考えられる時点で、積み上げられた保険料が年金の払い出し原資に転化する。前後に多少は動かせるが、それは何らかの社会的なリスクの実現と一応は対応しているはずである[15]。

これに対して個人年金保険では、およそそのような社会的なリスクとは関係がなく、むしろ任意、自在に積み上げられた保険料が年金等の払い出し原資に転化する時期を決定・変更できる。その違いは相対的なものともいえるけれども、保険の基本形——「保険料を払って、一定のリスクが実現して保険事故が発生したときに、保険給付を受け取る」という——は、かなり崩れているものといえる。

したがって第3に、各フェーズの「アンバンドル」が徹底しているアメリカとは大きく異なり、日本では各フェーズがむしろ連続的に位置づけられ、あるいはそのように意識されているといえる。

## 4. 税制優遇措置の位置づけ

前述したように、個人年金保険の保険料には、一定の要件のもとで所得控除が適用される。現在の個人年金保険料控除の基本的な要件は、第2章（第4節）で述べたように、当事者に関する要件に加えて、「保険料払込期間が10年以上」、「年金支払開始日が60歳以上」、「年金支払期間が10年以上」というものである。

これらはしかし、それほど所得控除の対象となる契約を限定したものではな

---

14) 50歳ないし55歳から受け取れるとする保険会社が多い。ただし所得控除を受けるためには、税制要件として60歳以上とする必要がある。

15) 長沼建一郎「公的年金が備えるリスクとは——年金を育てる日本人」『週刊社会保障』2549号（2009年）48-53ページ参照。

【イメージ図3-2】

保険料積立金

保険料払い込み
（10年以上）

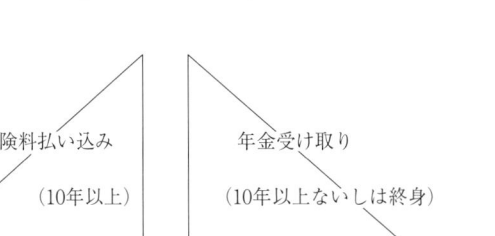

年金受け取り
（10年以上ないしは終身）

〔積み上げ過程〕　〔払い出し過程〕

年金支払開始（60歳以降）

い。保険料は一時払でなければ10年くらいはかけて払うのが普通であろうし、確定年金の年金支払期間で一般的なのは10年間である。すなわち個人年金保険商品であれば、かなり幅広く、所得控除の対象となっていることになる。

　大雑把なイメージとしては、「一定程度、なだらかに坂を上る」形で保険料を積み立てて、老後といわれる年齢から「一定程度、なだらかに坂を下りてくる」形で年金を受け取る、という設計であれば、個人年金保険料控除が適用されるわけである（【イメージ図3-2】参照）。

　前述してきたように、このような三角形のイメージを一応の標準形としつつも、そのもとにきわめて多様な設計のバリエーションが分布しているのが個人年金保険の実態であるが、所得控除はそのなかでも、「そこそこ三角形の体をなしているもの」には適用されているものといえる。

## 5. 小　括

　以上からすると、生命保険会社の個人年金保険の商品性に関して、以下の点が指摘できる。

　すなわち第1に、個人年金保険は、かなり幅広いニーズに対応して設計できるようになっている。それは積み上げ過程についても、払い出し過程について

もそうであり、たとえば前半の積み上げ過程だけ（払い出しは一時金（年金の一括支払）で受け取る）、あるいは後半の払い出し過程だけ（保険料は一時払）という設計も可能である。

さらに保険事故の設定についても、それは一定年齢への到達という必ずしも「保険事故」らしくない設定であり、しかも柔軟・弾力的に設定・変更することができる。

ちなみに前述したように、税制優遇措置としての個人年金保険料控除の適用要件（所得税法76条等）をみると、大雑把にいえば一定の積み上げ過程があり、一定の払い出し過程があるものであれば広く対象としており、ある程度の制約は課しているものの、対象をそれほど限定しているわけではないといえる。[16]

第2に、上記の点の帰結ともいえるが、いわゆる保険性は薄い。積み上げ過程においても、払い出し過程においても、リスク移転の要素は必ずしも大きくない。すなわち拠出した額が、そのままに近い形で戻ってくるのであり、いいかえれば通常の貯蓄に近い。[17] 前述したように、保険事故の設定自体が柔軟・弾力的ないしはあいまいであることも、この点に寄与している。

そしてそのことは、個人年金保険の商品としての固有性を薄めることにつながっている。それは他の金融業態の個人年金商品との間においてもそうであるが、個人年金以外の通常の貯蓄などとの関係においてもそうである。

もっとも他の金融業態が、保険あるいはリスク移転の仕組み、具体的には死亡率（生存率）などの保険数理を織り込んだ商品設計を行うことは、保険業法等の規制のもとでは難しい。その意味では個人年金保険の、他の金融業態に対するスキームとしての固有性は確固としてあるといえる。ただし逆にいえば、それにこだわらずに商品が自由に、見方によっては融通無碍に設計されていることが、個人年金保険の全体の姿をあいまいなものにしているといえるのかも

---

16) 前述したように、「貯蓄は三角、保険は四角」といわれる。しかし個人年金保険については、【イメージ図3-2】では両フェーズともむしろ三角に近い形になっている点が皮肉ともいえる。

17) ただし普通預金は「出し入れ自由」であることに加えて、決済性を備えている点は重要な特徴である。

しれない。

「個人年金保険」という名称からすると、保険性や年金形態での給付を中心的なイメージとしてとらえられがちであるとすれば、このイメージと比べて実態（設計のバリエーション）ははるかに大きく拡がっているといえる。

## 第3節　個人年金保険の位相

以上、個人年金保険の置かれた状況と、その商品構造について簡単な素描を行ってきた。以下ではこれらを踏まえて個人年金保険の位相というべき点に言及することで、今後の分析・検討に向けた端緒を示したい。

### 1．公的年金との対峙関係

すなわち第1に、公的年金との対峙関係である。このような個人年金保険と、公的年金との関係は単純ではない。もし個人年金保険が、このように貯蓄との類似性も小さくないものだとすれば、少なくとも公的年金は、単純な貯蓄とは異なるのだから、単に個人「年金」という名称に重きを置いて、1つの軸の上での役割分担を考えることでよいかどうかを考え直す必要があろう。それは仮に個人年金保険が公的年金を補完ないし代替し得るとしても、公的年金のどの部分を補完したり代替したりするのかという問題でもある。

確かに老後の生活資金準備という意味では、公的年金から、貯蓄的なものも含めて、大きく1つに括られるものではあろう。しかし、もしそのような大きな括りで議論するのであれば、逆に通常の貯蓄を含め、個人年金保険以外のさまざまな準備手段もすべて同列に視野に入れて検討する必要が生じる。

あわせて諸外国との比較においても、個人年金という名称だけにとらわれずに、公的年金・私的年金の位置づけをみる必要があるだろう。

### 2．個人年金保険以外にも通底する貯蓄との類似性

しかし上記とは矛盾するともいえるが、第2に、個人年金保険に関して指摘してきた貯蓄との類似性は、日本では個人年金保険以外についても当てはまる

面がある。

　すなわち一方では、個人年金保険以外の保険商品、すなわち死亡保障に重点を置いたいわゆる保障性の保険商品（死亡保険）においても、その貯蓄性が小さくないことが指摘できる。日本で長らく主流であった養老保険は、満期保険金と死亡保険金を同額にした設計であり、その意味で——すなわち高い水準で保険料積立金・責任準備金が形成されることから——、貯蓄性の高い商品といえる。そして近時の中心的商品といわれる終身保険については、満期（したがって満期保険金）がないことから、貯蓄性は低いという印象を与えかねないものの、保険数理的にはむしろ養老保険の満期の時期を限りなく後ろにずらした設計と理解すべきであり、その意味で——すなわち高い水準で保険料積立金・責任準備金が形成されることから——、やはり貯蓄性は高い。

　日本人は「保険好き」といわれるが、上記のような意味では「保険＝リスク移転」を好むというよりは、むしろ「貯蓄好き」という面が強いように思える。これと呼応するかのように、日本人の「掛け捨て嫌い」は、むしろしばしば指摘されるところである。

　他方、公的年金についても、少なくともそのとらえ方ないし国民意識としては、貯蓄に近いものとして——あるいは貯蓄に引き寄せて——理解されている面がある。財政的にはそもそも賦課方式に近づいていて、国家による老齢保障だといえるのだが、国民にとっては、むしろ自分たちの老後に向けた積み立てという感覚でとらえられている面が強いことを否定しがたい[18]。

　だからこそ公的年金については、つねに「損得勘定」がいわれるのであり、また制度的にも一時金や遺族年金などさまざまな仕組みが「掛け捨て」を防ぐ役割を果たしている。政策的な論点としても、いわゆる第3号被保険者問題や、遺族年金に関して女性の貢献をどう評価するかなどが激しく議論されてきているのは、もちろん公平性の観点からではあるものの、見方を変えれば貯蓄性の貫徹——保険料として拠出した額が、きちんと自分に戻ってくるか——が問題になっているともいえる。

---

18)　検討の端緒として、長沼・註15。

さらにいえば企業年金についても同様の側面があろう。企業年金は、経緯としては退職金の振り替わりという性格が強いし、賃金の後払いという性格も指摘されるけれども、定期的に掛け金が（拠出主体にかかわらず）払い込まれていることからすると、多くの従業員は、退職に向けて積み立てられているという感覚を持っているのではなかろうか。

## 3. 年金をめぐる家族的類似性

　第3に、これらからすると、個人年金保険の位置づけ・性格のあいまいさは、他の保険商品や、公的年金との間では、むしろウィトゲンシュタインのいうような意味で、ある種の「家族的類似性」をもたらしているように思われる[19]。

　それは、個人年金保険の設計のバリエーションの幅広さを示すとともに、逆にそのスキームとしての固有性は減じてしまう。（いわば「家族」のなかに埋もれてしまう。）そのことは、他の業態の個人年金商品についても当てはまる部分があろう。

　もっともそれは、保険会社側に「責任」があるわけではなく、保険会社としては、利用者側のニーズに対応するために、個人年金保険の設計のバリエーションを広げているにすぎない。結局のところ、前述したようなある種の国民性──「貯蓄好き」、「掛け捨て嫌い」（いいかえれば「没収」リスクの忌避）──が背景に厳然としてあって、それが個人年金保険についても、また他の保険商品や公的年金についても、制度面や意識面において、同様の貯蓄への近接性をもたらしているのではなかろうか。税制優遇措置が、前述したようにその対象を絞りきれないのも、同じ理由が背景にはあるように思われる。

　これらの点は、たとえば諸外国における年金の位置づけと、大きな対照を示している可能性がある。「年金」であるから、部分的には類似しているところ

---

19) ウィトゲンシュタイン〔藤本隆志訳〕『哲学探究』（大修館書店、1976年）70ページは「家族的類似性」について、「われわれは、互いに重なり合ったり、交差し合ったりしている複雑な類似性の網目を見、大まかな類似性やこまかな類似性を見ているのである」とする。

が当然あるものの、年金およびその周辺領域全体としての傾向、より具体的にいえば全体的な貯蓄への近接にかかる家族的類似性は、日本独自のものであるように思える。

とくに公私分担論との関係についていえば、このように年金周辺の領域で、貯蓄との類似性が1つの強い基調としてあるなかでは、役割分担といっても、比喩的には「似たような家族」の間で、「似たような仕事」を分かち合っているだけかもしれない。たとえばそれは老齢リスク保障の役割分担ではなく、貯蓄の方法についてのバリエーションにすぎないという可能性もあろう。

## 第4節　年金領域における貯蓄類似性——まとめに代えて

日本では年金領域において、なぜ貯蓄との類似性がこのように1つの強い基調となっているのか。その本格的な分析は別途の課題とせざるを得ないし、ここで浅薄な文化論を展開しても仕方ないが、辿っていくとどうしても前述したように、国民性、さらにはその背景としての日本的な風土というべき要素に行き着かざるを得ないように思う。それは端的にいえば、物事の基調に一定の連続性、ないしは「なだらかなつながり」というべきものがあるということである[20]。

すなわち契約構造において、「① 保険料の払い込み段階（積み上げ過程）→ ② 保険事故 → ③ 年金の受け取り段階（払い出し過程）」という各ステージが「なだらか」になっているのは、個人年金保険に限られず、公的年金においても、また保険商品全般においても指摘できるものである。

そこではとくに保険事故概念が明確に意識されておらず、それはとりもなおさず保険の固有性が理解されず、貯蓄との区別があいまいになってしまうとい

---

20) ここで述べているのは、たとえば自他の、あるいは心身の、また四季の、さらには彼岸と此岸との「なだらかなつながり」というような、かなり幅広い意味合いである。それはかつて丸山眞男が指摘した、日本の歴史意識における執拗低音（「つぎつぎに　なりゆく　いきほひ」）と通じるものでもあろう。丸山眞男「歴史意識の「古層」」、『忠誠と反逆』（筑摩書房、1992年）所収、293–351ページ。

うことを意味する。結果として日本では、公的年金も、個人年金保険も、しばしば貯蓄と似た面を抱えることになっている。[21]

このような貯蓄類似性が、年金領域全般に突出して横溢しているなかでは、貯蓄と保険とのいわば対立構図が、各局面において繰り返し演じられることになる。

それはまず公的年金の領域において、基本的にはそれが保険のスキームで設計されているところに、たとえば「損得」をめぐって、あるいは財政方式をめぐって、貯蓄的な要素ないし発想がすべり込んできて、大きな議論となる。[22]

そして私的年金の領域においても、貯蓄的な要素が入り込むというよりはむしろ席巻して、確定年金という原資保証型のスキームが中心的な位置を占めている。(ちなみに一般の生命保険においても、前節2.で述べたように、満期を備えた貯蓄性の高い養老保険という商品が中心的な位置を占め、それが今日の終身保険に受け継がれている。)

さらに年金種類としては、終身年金においても、それに保証期間を付けるという形で貯蓄的な要素が入り込んできている。

このようにあらゆる局面で、保険的なスキームに、貯蓄的な要素がすべり込んできて、場合によってはそれが中心的な位置を占めたりしているのが現状だといえる。

もっとも、それが必ずしも「よくない」というわけではない。場合によってはそれらが諸制度の日本への定着・軟着陸に大いに役割を果たしているといえるのかもしれない。(終章において改めて取り上げる。) ただ、少なくともそのような構図を理解・意識しておくことは必要である。そうでないと、たとえば私的年金を、あるいは終身年金を奨励・支援しているつもりが、結果的には通常の貯蓄に近い事柄の奨励・支援になっていることなどもあり得よう。

本来、年金には、さまざまな役割が期待されている。たとえば「何に備える

---

21) 長沼・註15、および同「キリスト教と社会保険——保険は技術に過ぎないか」『週刊社会保障』2764号（2014年）48-53ページを参照。
22) 堀勝洋『年金保険法』（法律文化社、2010年）30-31ページをあわせて参照。

か」という点についても、老後への備え、退職後への備え、就業不能リスクへの備え等々、それぞれ少しずつ異なる見方があり得る。また「何を保障するか」という点についても、生活支出の基礎的保障、従前所得の保障、救貧的保障、防貧的保障等々、さまざまな所得再分配の位置づけも絡んで単純ではない。さらにその保障の基本的な性格についても、国家による保障、相互扶助・共助、保険者自治等々、さまざまな見方があり得る。

　いいかえれば年金が担う役割を包括的にとらえると、それらを公的年金と私的年金とが分掌しているという単純なイメージが得られるものの、実際にはそれらの役割と担い手の分掌関係は、もう少し複雑であろう。「年金は本来、こういうものだ」という形で年金の役割を定式化すれば、公私分担にかかる政策論も比較的容易に導出できるかもしれないが、それは前提を過度に単純化したために、単純な結論が得られたにすぎない。

　年金に関する公私の役割分担論を政策的に意味のある形で展開しようとするならば、まずそれらの複雑さに向き合って、もう少し精緻な議論が求められよう。本書で個人年金保険を内在的に分析することが、そのような検討や議論に向けた手がかりになればと思う。

## ❖ 第4章 ❖

# 「長生きリスク」と終身年金

### 第1節　緒　説

　高齢社会の到来、平均寿命の伸びのなかで、「長生きリスク」問題の重要性が強調されるに至っている。寿命の不確実性に由来する「長生きリスク」への対応の仕組みとして、しばしば引き合いに出されるのが終身年金である[1]。すなわち個人は終身年金への加入により、予想外の長命による手元資金の枯渇と、予想外の短命による財産の不本意な使い残し（意図せざる遺産）とを同時に解消し、老後の必要資金を過不足なく準備できる。通常の貯蓄と比較して、終身年金はとりあえず合理的かつ効率的なスキームと思われる。日本人の老後不安に由来する過剰な貯蓄を合理的に解消する手法としても、終身年金に期待が寄せられることがある。

　そのなかで、私的年金のなかでも終身年金というスキームが、合理的であるにもかかわらず「あまり普及していない」ことがしばしば指摘され、それがなぜなのかが議論されている。

---

1）「長生きリスク」の分散といわれることがあるが、保険論ではリスクの分散と移転とを区別しているので、ここでは「長生きリスク」への対応と呼ぶ。
　なお「長生きリスク」の内実については、就労できない年齢まで長生きしてしまったリスクとしてとらえる見方もあるが、それであれば伝統的な稼得能力喪失リスクをいいかえたのとあまり変わらないだろう。長沼建一郎「公的年金が備えるリスクとは――年金を育てる日本人」『週刊社会保障』2549号（2009年）48-53ページ。

他方で公的年金の財政的な制約から、私的年金による自助努力が奨励され、さらにそのなかでも企業年金については厚生年金基金の原則廃止等いろいろ問題を抱えていることから、個人単位の年金への期待が大きくなっている。

　しかしこの私的年金、とくに生命保険会社の個人年金保険ないし終身年金については、諸議論においても理念的・抽象的なレベルでしか扱われていないことが多い。そのため場合によっては物事を一挙に解決する「魔法の杖」のようなものとして、やや過剰な期待が寄せられることもある。

　このような個人年金保険ないし終身年金の具体的な内容については、議論の前提として、もう少し理解があってもよいように思う。そこで本章では生命保険会社の個人年金保険商品の、とくに年金受け取り段階での基本的な仕組みのなかで終身年金を位置づけるとともに、年金政策論との関係で若干の検討を試みる。

## 第2節　終身年金の過小需要と逆選択論

　主に経済学の分野においては、終身年金が「長生きリスク」に対処する合理的な仕組みであるにもかかわらず、私的年金のなかでもあまり普及していないことがしばしば取り上げられ、なぜ終身年金が過小需要となっているのかが論じられている。そしてその有力な論拠として、いわゆる逆選択論（ないしは逆淘汰論）が持ち出され、そこから強制加入の公的年金の必要性がいわれることも多い[2]。

　しかし少なくともこの終身年金の過小需要論や、その有力な論拠として挙げられる逆選択論が、日本において妥当するかどうかを検討するに際しては、その前提として個人年金保険の商品性を正確に理解することが必要である[3]。また議論の前提として、私的年金において終身年金が過小需要だとする統計的な論拠も本来審らかにされていなければおかしいといえる。

---

　2）　終身年金の逆選択に関する文献はきわめて多数にのぼるが、日本で早い時期に具体的な検討を行ったものとして、田近栄治・金子能宏・林文子『年金の経済分析』（東洋経済新報社、1996年）第Ⅲ部がある。

第2章で述べたように、生命保険会社により提供されている個人年金保険の仕組みは、一般的には現役期に定期的に保険料を払い込み、高齢期になってから年金を受け取るというものである。

　既存の個人年金保険の多くの契約では、この年金支払開始時に、確定年金や終身年金等の年金種類を選択するようになっていたり、加入時に選んだ年金種類を年金支払開始時に変更することができる[4]。したがって終身年金の過小需要といっても、年金支払開始前の保有契約については、終身年金が何件あるかという統計的把握がそもそも困難ないしは意味に乏しいはずである。

　またこのような商品構造からして、当初の保険加入時におけるいわゆる逆選択論は、そもそも成立しづらい。一般的に、高いリスクのもの（終身年金でいえば、長寿が見込まれるもの）だけが加入するので、結果として価格が上昇し、市場が成立しなくなるというのが逆選択論の典型的な図式であるが、日本の多くの商品では、必ずしも終身年金であることを前提に加入するかどうかを判断するわけではないからである。

　その意味では年金支払開始時に年金種類を実際に決定（選択・変更）する際には、逆選択現象が強く働き得ることになるが——つまり市場が成り立たなくなるはずだが——、それが実際には保険数理や保険経営を揺るがすようなものにはなっていないために、このような年金種類を年金支払開始時に最終的に決定するという仕組みが維持されているものと考えられる[5]。

　これらからすると、少なくとも逆選択論が日本の個人年金保険について、そのままの形で妥当するものとはいえず、終身年金が過小需要であることを無批

---

3) そもそも終身年金自体について、それが寛大な給付設計であるとか、民間保険では運営困難であるという指摘も見受けられるが、終身年金は純粋な保険数理にもとづいた設計であり、保険料の計算は、100歳を超えた一定のポイントに計算上の「満期」を設定した（その意味では養老保険に類似した）形で行われる。
　　もっともこのような誤解があること自体に、日本人のリスク観の反映をみるべきかもしれない。
4) 平成26年版の『年金商品のすべて』（新日本保険新聞社）によれば、たとえば日本生命・住友生命・明治安田生命・第一生命の4社（この4社で個人年金保険の全社の保有契約件数の約半分を占める）ではいずれもこのような取り扱いを行っている。

判に議論の出発点とするよりは、むしろ個人年金保険の商品性と、そこでの終身年金の位置づけについて改めて見定めていくことが必要であろう。

## 第3節　個人年金保険の仕組みと年金種類

　個人年金に期待される役割で重要なものとして、1つには貯蓄に比べてより効率的（安価）に「長生きリスク」への対応を図る機能があり、もう1つには公的年金を補完（場合によっては代替）し得る老後の生活保障の機能がある。そして生命保険会社の個人年金保険、とりわけ終身年金に加入することにより、これらが同時に実現できるようにみえる。しかし少なくとも現在一般的に取り扱われている個人年金商品は、必ずしもそういうものではない。

　生命保険会社により提供されている個人年金保険の仕組みは、基本的には現役期に保険料を払い込み、高齢期になってから年金を受け取るというものである。この年金の支払期間としては、比較的短期のもの（5年・10年）から、終身にわたって給付されるタイプのものまである。そのなかでは終身ではなく、後述する期間10年の確定年金が中心となっている[6]。

　ただこの点で、むしろ次に述べる年金の支払方法にかかる区分が重要である。つまり支払期間の長短を基準に年金の種類が配列されていて、そのもっとも支払期間が長いものが終身年金、といういわば一次元的な整理は必ずしも適

---

5）　少なくとも一般論としては、そもそも寿命についての情報非対称性は大きくない（本人でも自分の寿命はよく分からない）という指摘が妥当するように思われる。もっともたとえば終身年金の支払開始後の解約や一括支払の請求を認めると、明らかに逆選択が働くので、現行商品においてもこれは認めていない。また近時では保険会社は終身年金の取り扱いに消極的である。第2章（第2節）および第6章（第5節）をあわせて参照。
　　なお民間保険における逆選択問題については、実務的な観点から検討したことがある。長沼建一郎「民間保険における『保険原理』とは何を意味しているのか」『社会保険旬報』2025号（1999年）6-12ページ。
6）　平成26年版の『年金商品のすべて』（新日本保険新聞社）では、17社の保険会社の「純粋型」（変額、金融窓販、利率変動型以外）の個人年金商品が紹介されているが、註4で挙げた4社を含めて、そのほとんどの会社が商品設計のイメージ図において、期間10年の確定年金を記載している。（上記4社でのホームページ上の紹介においても同様である。）

切ではない。

**《年金の支払方法——原資保証型とトンチン型》**

　年金の支払方法について、本書では原資保証型とトンチン型とに分けて整理してみたい。

　原資保証型は、貯蓄の分割・定期的な払い戻しに近い性格のものである。たとえば原資保証型の代表である確定年金では、年金の支払期間が定められ（5年、10年、15年等）、その間は所定の年金額が支払われるが、支払期間中に死亡した場合には年金原資の残額が遺族に払い戻される。また支払期間中に一括支払の請求を行い、年金原資をまとめて払い出すこともできる。

　このように確定年金では、本人の生死にかかわらず、年金原資は本人ないしは遺族が確実に受け取ることができる。ただし支払期間を経過した以降は、何の給付もなくなる。つまり支払期間を超えて長生きした場合は、途中で年金が途切れることになる。

　他方、トンチン型は、生存している場合に限り、年金が支払われるというものである[7]。たとえばトンチン型の終身年金では、生存している限り、毎年所定の年金が生涯にわたって支払われるが、死亡時には単に支払が終了し、遺族への払い戻しもない。支払期間中の一括支払の請求や解約もできず、年金が総額でいくら支払われるかは、もっぱら受給者がいつまで生きるかによって決まる。（ただし後述するように、トンチン型でも終身年金ではないものもある。）

　トンチン型の終身年金の場合、このように生きている限り年金が支払われ、年金が途切れる心配はないものの、死亡すると、その時点で残っていた年金原資は他の受給者の年金原資に回され、いわば「没収」（forfeit）されてしまう。もしも早い時期、たとえば年金支払開始直後に死亡してしまうと、長い間支

---

7）　いわゆるトンチン年金とは、歴史的には、生残者だけに年金が配分されて、生残者が減るにつれて年金額が増えるという「生き残った者勝ち」のスキームであるが、本書では生存のみを条件に年金が支払われる（死亡すれば打ち切られ、年金原資の残額も払い戻されない）ものを「トンチン型」と整理した。第2章（第2節）および第7章をあわせて参照。

払ってきた保険料は「元本割れ」、「払い損」のようなことになってしまう[8]。もっともその分、同じ支払期間で同じ年金額を支払うための年金原資は、トンチン型では原資保証型と比べて少なくてすむので、価格は安くなり、効率的だといえる。(これをトンチン効果と呼ぶことができる。)

《折衷的な年金種類》

ただし実際には、これらの2つの支払方法——「トンチン型」と「原資保証型」——とが混ざり合っている年金種類もある。

とくに終身年金については、「純粋なトンチン型」のものは少なく、これに保証期間を付けるという方法が保険会社により広く行われている。すなわち加入者が実際に利用しているのは、終身にわたって給付されるタイプのなかでは、保証期間付の終身年金といわれるものがほとんどである。

これは一定の保証期間内に死亡した場合には、残りの保証期間に対応する年金原資が払い戻されるというものである。いわば保証期間内の原資保証型の確定年金に、保証期間終了後のトンチン型の終身年金を「接ぎ木」して組み合わせたようなものであり、終身にわたって給付されるタイプではあるが、貯蓄性も有するということになる。(この保証期間は、10年とされることが多い[9]。保証期間部分については年金の一括支払の請求も可能である。)

---

8) このような表現は、やや不正確なものではある。すなわち保険料積立金は、もともと個人ごとに運用されているわけではなく、死亡によって金銭の所有権が簒奪されるという意味で「没収」されるわけではないし、保険なので「元が取れる」とか「元本割れ」、「払い損」というような表現にはなじまない。しかし多くの加入者の感覚には合致する表現ではないかと思われる。

9) 第2章(第2節)でも述べたように、この保証期間付終身年金を取り扱う保険会社自体が、近年では減少しており、平成26年版の『年金商品のすべて』(新日本保険新聞社)では、「純粋型」(変額、金融窓販、利率変動型以外)の個人年金商品において、新契約時に保証期間付終身年金を扱っていることを確認できるのは7社にとどまる(介護年金をのぞく)。このうち保証期間10年のもの以外を扱っているのは2社だけである。(註4で挙げた4社もいずれも新契約時には扱っておらず、年金開始時の選択は可能としている。)なお全労済、JA共済の年金商品でも、ホームページによれば新契約時に終身年金(保証期間付)を提供している。

第4章 「長生きリスク」と終身年金

【図表4-1】 年金種類の位置づけ

```
           支払方法
  ∧
  安  トンチン性       有期年金              終身年金
  ↑
保険料                 保証期間付有期年金      保証期間付終身年金
  ↓
  高  貯 蓄 性         確定年金
  ∨  （原資保証）
                                                          → 支払期間
                 5年        10年         終身給付

              <  安  ←  保険料  →  高  >
```

　多くの日本人にとっては、純粋なトンチン型の設計に伴う年金原資の「没収」が不意打ち的で、容認しづらいものと考えられるところ、保証期間を付することによって、年金原資の「没収」あるいは保険料の「元本割れ」、「払い損」が部分的に緩和される。

　この他に有期年金という年金種類もあり、実際にはあまり取り扱われていないようだが概念の整理としては重要である[10]。すなわち有期年金では、年金の支払期間があらかじめ定められる（たとえば10年）が、支払期間中に死亡しても残りの年金原資は払い戻されない。いわば「期間を区切った」トンチン型の年金種類である。（有期年金についても終身年金と同様に、保証期間付きのものがある。）

　このように、年金の支払方法と、支払期間とが組み合わされて、さまざまな年金種類が提供されており、これらをまとめると【図表4-1】の通りとなる。
　このなかでは第2章（第3節）で述べたように、公式の全数統計はないもの

---

10) 有期年金という規定の仕方は、所得税法施行令（185条）にも見受けられる。ただし本書でいう確定年金や、支払期間に終期があるものを広く有期年金と呼ぶ場合もあり、このあたりは整理が必要であろう。第1章（第2節および註12）、第2章（第2節）をあわせて参照。なお所得税法施行令185条では、本書でいう保証期間付終身年金を「特定終身年金」、保証期間付有期年金を「特定有期年金」と概念規定することで整理している。

の——したがって、当然の前提として議論するのは躊躇われるものの——、実際には原資保証型の確定年金が圧倒的に多いものと考えられる。

## 第4節　年金種類の価格面での比較

### 1. 支払期間と保険料

　これらの年金種類について、いくつかの点から比較してみよう。

　まず年金の支払期間と保険料の関係をみると、同じ支払方法・同じ年金額であれば、支払期間が長い方が、当然必要な年金原資は大きくなり、ひるがえって払い込みが必要な保険料は多くなる。

　他方、これを老後生活保障という観点からみれば、長期にわたって年金が支払われる方が望ましいし、さらにいえば終身にわたって給付されるものでなければ意味が乏しいともいえる。たとえば100歳までは年金を受け取っていたが、幸いにも100歳を超えて長生きしていたら、年金支払期間が終了し、たちまち困窮するというのでは問題である。あるいは退職時に年金原資を一時金で受け取って、すべて住宅ローン返済に使ってしまったというのでは、年金本来の役割を果たしているとはいいがたい。[11]

### 2. 支払方法と保険料

　次に年金の支払方法（原資保証型／トンチン型）と保険料の関係をみると、同じ支払期間・同じ年金額であれば、貯蓄性の強い原資保証型よりも、死亡すれば年金支払が打ち切られるトンチン型の方が、必要な年金原資は小さくなり、ひるがえって払い込みが必要な保険料も少なくなる。（前述したトンチン効果である。）

　他方、これを本人の老後生活保障という観点からみると、自分が生存してい

---

11) 第7章でもふれるように、後期高齢期に必要となる生活費用は大きくなっていくことが考えられる。もっともこれらも含め、基礎的な公的年金の給付があれば、それで構わないという議論もあろう。私的年金に何を期待するのかという問題でもあり、第6章で改めて検討する。

る場合にだけ年金を受け取れば十分だとすれば、トンチン型の終身年金に加入するのが、最小限の拠出で、過不足ない老後保障が得られるという意味で、効率的だといえる。

ただしこのとき、およそ3つの問題がある。第1に、遺族保障の問題である。個人単位の年金保険である限り、純粋なトンチン型であれば、遺族には「つねに、何も」残らない。もし一定の遺族保障のニーズがある場合には、純粋なトンチン型の年金は向かないことになる。

第2に、本人が早期に死亡すれば、遺族に何も残らないだけではなく、本人にもあまり年金が支払われずに契約が終了してしまうことになる。これを前述したように、短命に伴う「年金原資の没収、掛金の元本割れ」のリスクの問題と呼ぶことができる。

これは「保険」という考え方からすれば、当然のことではある。純粋なトンチン型の年金であれば、支払が「生存」という保険事故にかかっている以上、いくら支払開始時の年金原資が何千万円にのぼっていたとしても、すぐに死んでしまえばほとんど戻ってこない。逆に長生きすれば、積み上げた年金原資以上の年金を受け取ることもできる。しかしこのような「没収」リスクの問題は、純粋なトンチン型の設計が実際にはあまり行われていないため、一般的には必らずしも意識されていない、ないしは理解されづらいように思われる。

第3に、いわゆる逆選択（逆淘汰）の問題である。すなわち「長生きリスク」については情報の非対称性があり、トンチン型の年金商品には長生きする人ばかりが加入するので、数理的に成り立たないという指摘である。もっともこの点については前述したように、商品設計に即してもう少し細かくみる必要があろう。

## 3. 商品特性のトレードオフと保険料の価格

これらの組み合わせにより配列されている年金種類は、まさに多様であり、一長一短がある。それぞれの年金種類の利点だけを並べると理想的なイメージが浮かび上がるが、そううまくはいかず、とりわけ保険料の高低（すなわち効率的な「長生きリスク」対応の可否）と、「没収」リスクとのトレードオフの解消

が難しい。

　ただ、保険料については以下の点に留意を要する。すなわち年金の支払期間を長くすれば保険料は高くなるし、トンチン性を高めれば保険料は安くなる。そこでこれらを同時に行おうとすれば、保険料はどうなるだろうか。

　たとえば現在普及している「60歳支払開始、年金支払期間10年の確定年金」を、「60歳支払開始の終身年金（純粋なトンチン型）」に替えることを考えると、トンチン型にすることで保険料は下がるが、支払期間を10年から終身に延長することによる保険料の上昇幅はこれを上回り、全体としては高くなってしまう（純保険料の概算。以下同じ）。あるいは保険料水準を固定して同じことを行えば、年金額がとても低くなってしまう。

　これは、現在普及している年金開始年齢・支払期間と、その間の生存率（死亡率）との関係における、数理的なある種の偶然の所産ともいえる。つまり「60歳支払開始、10年確定年金」をもとに計算するからこうなるのであり、別の（より高い）支払開始年齢や（より長い）支払期間で計算すれば、終身年金がこれほど割高になるとは限らない。ただ全般的な長寿化のなかで、60歳から支払をはじめて終身にわたって支払うとなると、途中で死亡による契約の脱落があったとしても、それほどトンチン効果が働かず、相当な年金原資が必要となるわけである。

　巷間、終身年金が「あまり普及していない」理由として、逆選択や、保険会社側の販売への消極的なスタンス等が指摘されるものの、このように終身年金が、とくに現在普及している確定年金と比べて、単純に「とても高い」という事実を見逃すべきではないと思われる。（より実際的な事例については次に述べる。）

《保証期間付終身年金の評価》
　さらに注意すべきなのは、前述した折衷的な性格をもつ年金種類の評価である。すなわち保証期間付の終身年金は、ある程度の原資保証がされて、しかも終身にわたって支払われるので、表面的に考えると「いいとこどり」が可能であるようにもみえる。しかしその場合には、年金が途切れるリスクはなくなり、「没収」（元本割れ）のリスクは部分的に防がれる代わりに、「長生きリス

第4章 「長生きリスク」と終身年金

ク」への効率的な対応というメリットはやや損なわれる。すなわちこの保証期間付の終身年金は、たとえば純粋にトンチン型の（保証期間の付かない）終身年金に比べてもさらに保険料は高くなってしまう。

たとえば保険会社のパンフレット等で代表的な設計として例示される60歳支払開始での10年確定年金と、10年保証期間付の終身年金を比べると、同じ年金額であれば、前者と比べて後者は倍以上の年金原資を（したがって倍以上の保険料を）要する[12]。

あるいは前述した商品構造に即して、年金支払開始時の選択の場面で考えると、一定の年金原資を前提とすれば、保証期間付の終身年金を選択すると、確定年金に比べて、年金額の水準が何分の1という低い水準になってしまう。

このことは、60歳支払開始で10年保証期間付の終身年金という設計は、実質的には「60歳支払開始の10年確定年金」に、「70歳支払開始の（保証期間のない）終身年金」をいわば足し合わせたものであることを考えれば、当然の帰結ではある[13]。すなわち70歳以降の（保証期間のない、トンチン型の）終身年金の価格に相当する分だけ、後者のほうが「まるまる」高くなるのである。

しかしこれだけ確定年金と比べて価格が高いにもかかわらず、保証期間経過後は年金原資「没収」のリスクにもさらされるとなれば、設計としての魅力はやや乏しい。本来、トンチン型の設計は、その年金原資「没収」のリスクと引き換えに、安価で効率的な「長生きリスク」への対応を実現できるはずであるのに、確定年金と比較することで、その価格面の利点が隠れてしまうことになっている。

もっとも他方では、60歳支払開始の（保証期間のない、トンチン型の）終身年金と、60歳支払開始で10年保証期間付の終身年金とでは、価格はそれほど大き

---

12) 平成26年版の『年金商品のすべて』（新日本保険新聞社）に掲載されている各社の保険料計算例をみると、引き続き保証期間付終身年金を新契約時にも扱っている会社では、同じ年金額・支払開始年齢であれば、確定年金と比較して、倍以上の（とくに女性では3倍近くの）保険料を要することが分かる。

13) 実際には第2章（第2節5.）で述べたように、60歳から70歳の間で死亡が発生するので、厳密には両者を足し合わせた設計と数理的に一致するわけではない。

く違わなくなることが考えられる。60～70歳での死亡数はそれほど多くないし、今後もその低下が予想されるからであり（第7章参照）、したがってこの辺が「まっとうな」比較対象であるとの印象もある。

また前述したように、支払開始年齢をもっと高い年齢で設定すれば、トンチン効果が働くので、価格差も小さくなってくることが考えられる。

これらからすると、いずれにせよ比較の仕方の問題だともいえる。しかし販売面で、10年確定年金が前面に出ているなかでは、他の年金種類の設計は、これとの比較で価格が評価されざるを得ないのが現実である。

このように割高感のある終身年金は、自由な消費者の選択に委ねても、十分利用されないおそれがある。すなわち任意加入のもとでは、個人年金保険が全体としてどう評価されるかは別として、終身年金は選択されない可能性が強いということになる。これは少なくとも典型的な逆選択のメカニズムとは異なる状況だといえる。

### 第5節　年金政策論への示唆——まとめに代えて

以上を踏まえて、年金政策論（ないしは年金に関する公私の役割分担論）に向けて、いくつか指摘しておきたい。

第1に、このように終身年金は年金種類のなかでも価格が高く、任意加入のもとではなかなか利用は進みそうにない。

それでも途中で年金が途切れる危険がなく、生きている限り、最後の最後まで支払われるという点で、終身年金が生活主体たる個人にとって固有の意味があることは間違いない。そうであれば、これを強制加入のスキームに乗せることは、1つの合理的な政策的選択だといえる。

だからこそ公的年金においては、終身年金が基本になっていると考えることが可能であり、その点は改めて認識するに値する。年金は、単なる金銭の支払ではなく、そのなかで終身年金も、意図的に設計された仕組みとみるべきなのである[14]。

そのうえで、この終身年金の提供を、私的年金においてもより担うべきか、

あるいは逆にむしろ公的年金に任せるべきかどうかについては議論が分かれ得る。(第6章（第2節）で改めて検討する。)

　第2に、他方で私的年金のなかでの位置づけを考えると、終身年金の価格の高さは、数理的に適正に計算された結果の、いわば「まっとうな高さ」であり、少なくとも「不当な割高さ」はない。

　数理的には、前述したように確定年金と終身年金では価格面で大きな差が出てしまう。他方、とくに事務的な観点からすると、終身年金では、原資保証型の確定年金よりも生存確認に事務コストを要することから、事務費（付加保険料）をより多く徴収してもおかしくないところではある。いいかえれば終身年金は、この点ではむしろ「割安」だともいえる。

　第3に、しかしそれでも終身年金と確定年金との比較においては、一種の錯覚ないしは認知バイアスが働いている可能性がある。

　つまり支払期間10年の確定年金が、前述したように販売場面で最初にいわば準拠枠として提示されているため、それとの比較で終身年金が高くみえてしまうという面が否定できない[15]。もし終身年金の価格「だけ」が提示されていれば、割高感は多少緩和されるかもしれないし、仮に両者が比較されるとしても、支払開始年齢がもっと高ければ、トンチン効果も働くので、両者の価格差がこれほど大きくなることはない。

　逆にいえば同じ年金原資でも、確定年金で計算すれば、終身年金と比べてはるかに年金額を高くすることが可能である。それは仮に意図的でないにせよ、保険会社が10年確定年金を標準的な設計として前面に出すことで、結果的には終身年金に決定的な比較劣位を与えてしまっているということでもあろう。

　第4に、ひるがえって確定年金についても問題は多い。
　とくに年金支払期間の設定について、公的年金までの「つなぎ」ともいわれるものの、現役期のうちに、何歳から何歳までの間の年金が将来必要になるか

---

14) 長沼建一郎「『公・私』の軸における終身年金の位置づけ——個人年金保険との関係を中心に」大曽根寛・金川めぐみ・森田慎二郎編『社会保障法のプロブレマティーク——対立軸と展望』（法律文化社、2008年）所収、112–128ページを参照。
15) 認知心理学的な、ある種のヒューリスティックの問題として位置づけられよう。

を見通すのは難しいのではなかろうか。とりわけそのときの公的年金や就労状況によって、実際に「つなぎ」が必要な時期や期間が決まってくるためである。加えて健康状態、家族構成、財産や資産の保有状態、およびそれらの将来の見込み等々を踏まえて、あらかじめ年金支払期間を適切に「決め打ち」できるかといえば難しいだろう。

　もちろん確定年金の場合、原資保証型なので——つまり金銭を金銭として確実に使えるので——、適宜引き出したり、逆にそれを使わずに置いておくことも可能であるが、それは年金とはいえ、結局は通常の貯蓄ということに近くなってしまう。

　もっとも逆にいえば、そのような柔軟な対応に向けての資金準備の必要性もあることは間違いない。現行の個人年金保険は、一定程度そうなっているともいえる。そこではむしろ各制度や対象者の公平性、統一的な取り扱いが大きな課題となるだろう[16]。ただ本書としては、それとは異なる角度から（つまり年金や社会保障政策を論じる立場から）、問題提起しているものである。

　他方、第5に、仮に私的年金の領域でも終身年金を推奨していくべきだとして、そのうえで「とにかく終身であればいい」かどうかは——とくに保証期間を付することについては——議論の余地があろう。前述したように、保証期間付の終身年金においては、生涯にわたる保障はされるものの、実質的には貯蓄的な部分を伴うことから、「過不足なく備える」という意味での効率的な老後保障の要請からは離れていくからである。（このことは、年金原資のうちで終身年金に向ける割合を税制優遇の要件とする場合についても同様である。）

　いずれにせよ以上からすると、自由な選択に委ねるだけでは、終身年金を今後より普及させていくのは困難であることが推測される。したがって、もし私的年金においても終身年金をより普及させるべきだとすれば、それに向けた明確な政策的対応を図っていく必要がある。

　しかしその前に、公的年金もあるなかで、なぜ私的年金を、あるいは終身年金を、税制的に優遇してまで奨励する必要があるのかという点が再度問われ、

---

16）第5章（第5節および註36）、第6章（第2節および註7）をあわせて参照。

改めて明確にされるべきであろう。そこで次章以下ではこの点からはじめて、個人年金保険ないしは広く私的年金をめぐる税制のあり方について検討していきたい。

## ❖第5章❖

# 個人年金保険／私的年金に対する税制優遇の論拠

## 第1節　緒　説

　個人年金保険、ないしは広く私的年金による自助努力への税制優遇やその拡充は、どのような論拠で認められ、あるいは正当化されるのだろうか。いくつかの説明は可能であるように思われる[1]。

　ただ、たとえば「高齢社会に備えて、より自助努力を奨励・支援する必要があるから」という説明だけでは、年金あるいは社会保障を論じる立場からの説明としては不十分であろう。そのようなスローガン的な論拠だけでは、いかなる内容（要件・方法・水準等）での優遇に対しても、いわば後付けの説明として援用可能であり、いいかえれば実質的な説明になっておらず、現状の評価や政策的な設計への指針ともなり得ない。現行制度の説明という点でも、また今後、税制優遇を拡充させていくとすればなおさら、その論拠を改めて精査していく必要がある。

　そこで本章では、まず現行の個人年金保険料控除の位置づけをみたうえで、公的年金の縮減傾向にもとづく税制優遇の論拠づけについて、続いてそれを離れて、個人年金保険の固有の位置づけに即した税制優遇の論拠づけについて検討する。そのうえで、第3章・第4章でふれてきた公私の役割分担論や貯蓄ス

---

1）　本章以下では、生命保険会社の個人年金保険を中心としつつも、より広く私的年金全般を視野に入れてその税制のあり方を検討していきたい。

キームとの関係について改めて検討する。

## 第2節　現行の個人年金保険料控除の位置づけ

　現行の個人年金保険料控除制度は、いかなる趣旨のものなのだろうか。これは直接的な経緯としては、一般の生命保険料控除から派生したものであり、したがって制度趣旨としては、基本的には一般の生命保険料控除と同様のはずである。

　ところがこの一般の生命保険料控除の趣旨については、いくつかの説明が入り混じっている。税法的な観点からは、所得のなかでも生命保険料に費やされた分については、担税力が低下しているので、控除されるという説明がされている。[2] しかし制度の趣旨ないし存在理由としては、税法内在的な論理によるものというよりは、一定の政策目的の存在、つまり国民の自助努力を支援するという政策的な観点を認めざるを得ないだろう。[3] いいかえれば税制的には、この制度はどうしても「なければならない」わけではなく、政策的に存否や内容が決められる性格のものだといえる。[4]

---

2）　租税法のスタンダードな体系書といえる金子宏『租税法』（弘文堂、1976年）156ページ（19版（2014年）では192ページ）では、生命保険料控除を社会保険料控除との並びで位置づけて、「大多数の人々にとって加入するのが普通であるため、所得のうちこれらの保険料の支払に充てた部分は担税力を持たない」と説明している。もっとも制度導入当時の国会審議における政府委員の説明にも同趣旨があり、これが税法内在的な論理にもとづく説明として記述されたものかどうかは定かではない。

　なお岩尾一編『所得税法（Ｉ）』（日本評論新社、1953年）523ページは生命保険料控除の規定について、これによって「長期貯蓄を奨励し、保険会社を通ずる資本の蓄積を促進する主旨から設けられた規定」としていた。

3）　多くの租税法の文献でも、生命保険料控除に関してこの双方の観点を指摘している。文献の所在を含め、酒井克彦「社会保険料控除の意義と性質」『税務広報』57巻7号（2009年7月号）160-166ページ。またこの点を控除全般に関して明確に整理するものとして、泉美之松『税についての基礎知識〔10訂版〕』（税務経理協会、1986年）150-152ページ。

　関連して、担税力を「マジックワード」と喝破する佐藤英明『プレップ租税法〔第2版〕』（弘文堂、2010年）42ページの指摘は印象深い。

そして1984（昭和59）年の税制改正で、一般の生命保険料控除に上乗せする形で個人年金保険料控除が設けられ（上限5000円）、これが1990（平成2）年には一般の生命保険料控除から独立して控除の上限が5万円となった後、平成22（2010）年の税制改正では介護医療保険料の控除がさらに独立したことに伴い、以降の新規の契約にかかる控除の上限は4万円となっている。[5]

　この個人年金保険料控除に関しては、老後保障に向けた自助努力支援ということで、その必要性はかねてよりいわれており、公的年金との関係で大きな緊張関係をもたらすことなく位置づけられてきたものと思われる。[6]一般の生命保険料控除と同様に、控除限度額は大きくないし、その控除への算入方法は超過逓減方式でもある。実質的な減税額は年間で数千円程度にとどまり、いわば目印程度ともいえる。（少なくとも国民年金基金や確定拠出年金と比べると、「桁」が違う。）ただしこれにより地方税の負担も軽減される。

　しかし仮に現行制度がそのように説明され得るとして、もし今後これを拡充するとなれば、改めて公的年金制度との関係を含めて、その論拠を整理する必要が生じよう。

《税制をめぐる諸議論との関係》

　なお、以下では税制固有の議論（とくに課税のパターンとしての「拠出時課税」、「給付時課税」等々をめぐる議論）にはあまり立ち入らずに検討を進めている点に

---

4）　生命保険料控除制度の必要性については、このような政策的な観点からつねに議論されてきており、「もう生命保険は広く普及したのだから、控除制度の役割を果たし終えている」という主張と、「このように広く用いられているのだから、控除制度を続ける必要がある」という主張とが応酬を繰り返している。

5）　三井慶一「新たな生命保険料控除制度について」『生命保険経営』80巻4号（2012年）3–22ページ。なお過去の議論につき、松浦克己「生保税制の歴史（1.2.）──生命保険料控除および生命保険金課税を中心として」『生命保険経営』48巻4号（1980年）35–51ページ、48巻5号（1980年）101–116ページなどがある。

6）　もっとも公的年金の保険料が未納であるにもかかわらず、個人年金保険に加入し、その所得控除を利用しているというケースが問題視されることが時折ある。ただし個人年金保険の低利率という現状もあり、近時ではあまりこの点も取り上げられないようである。

つき、ご理解いただければ幸甚である。かねてより年金税制についての議論・文献は膨大にあり（とくに特別法人税が議論の的となってきており、また近時では確定拠出年金をめぐって多数の文献がある）、これらをまったく無視して検討を進めるのは適当ではないが、本書ではいずれにせよごくアトランダムな参照とならざるを得ない[7]。

　付言すれば、年金税制をどう考えるかは、そもそも所得あるいは所得税をどう考えるかにかかわり、その立場如何により結論も変わってくる。たとえば人的控除という手法自体に対しても評価は分かれるし、極言すれば「そもそも税金とは何か」という点にまで議論は及び得る。

　しかしそのような税や所得等に関する「そもそもの考え方」から演繹的に議論することで、政策論議が尽くされるとも思われない（実際にはむしろ税制以外に由来する政策的な観点や、他の諸事例との公平性から税制のあり方が決まってくることが多い）ことから、ここでは現行税制を出発点として、いわばこれに寄り添いつつ議論を進めていきたい。

　そのような意味で、本書がむしろ重視しているのは、L．マーフィーとT．ネーゲルが述べる「租税の公正ではなく、社会的な公正が租税政策を導く価値であるべき」という考え方である[8]。以下でも本書では、税制自体のあり方というよりは（もちろんそれも社会的な公正にかかわる重要な要素であるが）、年金や社会保障にかかる政策を論じる立場から分析・検討している。

---

7）　本書では先行研究を参照し、それらに依拠した部分も多々あるものの、その対象の膨大さから先行研究の体系的なレビューができていない点は、ご海容を乞うしかない。
　　なお全般的な参考文献としては、退職所得全般に関して体系的に論じたものとして、臼杵政治『会社なき時代の退職金・年金プラン』（東洋経済新報社、2001年）がある。また年金税制の現状と諸議論を整理・検討したものとして、鳴島安雄「年金制度の現状と今後の課税のあり方について」『税大ジャーナル』12号（2009年）79–110ページがある。さらに年金税制について包括的に検討した文献として、藤田晴「年金税制の再検討」『商経学叢』36巻1号（1989年）1–18ページ（社会保障研究所編『リーディング日本の社会保障　3　年金』（有斐閣、1992年）277–307ページに再録）があり、生命保険会社による終身年金の位置づけにもつとに着目していた。

## 第3節　税制優遇の論拠(1)——公的年金との関係

### 1. 社会保険料控除との関係

　個人年金保険料控除は、前節で述べたように一般の生命保険料控除から派生独立したものだとはいえ、それが年金領域に特化した制度であることから、公的年金との関係が問題になり得る。つまり公的年金の水準を（あるいは公的年金だけではまかなえない老後保障を）個人年金保険によって補うという契機が入ってくる[9]。

　とくにこれを今後、一般の生命保険料控除とは独立的に拡充させていくとすれば、その論拠としては、私的年金が公的年金を補完（ないしは縮減される分を代替）するという位置づけから、私的年金の保険料についても公的年金の保険料と同様に税制上優遇する（すなわち社会保険料控除と同等に扱う）という理屈は成り立ち得る。

　もっとも公的年金にかかる社会保険料控除が認められる論拠は、一般の生命保険料控除と必ずしも同じではなく、むしろ異なる側面がある点には注意を要する。

　すなわち社会保険料は、税金と同様に強制的に徴収されることから、課税所得とするのに馴染まないという面は大きい。（これを課税所得に含めると、いわば

---

8) L．マーフィー／T．ネーゲル〔伊藤恭彦訳〕『税と正義』（名古屋大学出版会、2006年）197ページ。「公正に関する問題は、正義を含む目標に照らして考察されなければならない」ともいう（189ページ）。もちろんその「公正」さ自体が議論の的となることは免れないが、ここでの力点は、税制面だけをとりだしてみたときの公正の問題に論点が尽きるものではないというところにあろう。
　あわせて同書では「課税前所得」をベースラインとして議論することへの異議を唱えており、それはラディカルな考え方ではあるが一定の説得力を有している。そこからすると、「まっさら」の状態からではなく、現行制度として通用している内容をスタートラインとして議論していくことにも一定の合理性はあるだろう。「まっさら」の状態というのが、実は不自然な前提ないし想定だというのが、同書の主要するところでもある。
9) もっとも一般の生命保険料控除についても、公的年金による遺族年金とは一定の関係にあるといえる。

二重課税のような帰結になってしまうという意味で、直接的に担税力が減少しているといえる。）これに対して個人年金保険については、その加入および保険料の支払に強制性はないので、税法的な観点からストレートに社会保険料控除と同様のものと位置づけて控除の必要性を説明するのはやや飛躍があり（いいかえれば生命保険料を「税金のようなもの」とまではややいいづらく）、改めて所得控除の論拠が問われる必要がある。[10]

## 2. 公的年金の補完という説明への疑問

そこで、とくに公的年金との関係で──つまり税法的な観点ではなく、年金政策に即した議論として──、私的年金を政策的に優遇すべき論拠が成り立つだろうか。

しばしば「公的年金が縮減傾向にあるので、それを補完する私的年金を奨励する必要があり、そのために税制上も優遇して、インセンティブを与える必要がある」という説明がされる。もちろんそのような立論は可能だし、一定の説得力もあるのだが──そして諸外国の動向も参照しつつ、政策的にもそれで進んでいくことは十分考えられるが──、少なくとも年金や社会保障を論じる立場からすれば、（第1章で述べた内容とも重なるが）以下のような疑問がある。

すなわち第1に、任意加入のもとで「自助努力を行ったもの」に税制優遇を行うことは、逆にいえば「自助努力できないもの」を切り捨てること──俗にいう金持ち優遇──になりかねない。自助努力を行ったものを、貢献を見合う形で税制面において優遇して、これを通じてインセンティブを働かせることは一概に否定すべきではないが、しかしその帰結として、現役時代の格差を老後に（場合によっては次世代に）まで持ち越し、さらには老後の（また次世代の）格差を拡大させる要因ともなりかねない。

---

10) 岩尾編・註2、521ページは、社会保険料控除は生命保険料控除とは「性質が根本的に異なる」と明言している。ただし佐藤英明『スタンダード所得税法（補正3版）』（弘文堂、2014年）322ページは、この強制性の点も決定的な違いではないとする。
なお年金税制の観点からは、給付時課税を中心に考えることで、拠出時は非課税にすべきとの帰結ないし主張が導かれる。註7の文献等を参照。

第5章　個人年金保険/私的年金に対する税制優遇の論拠

確かに限られた財源を「広く薄く」配分するよりは、自助努力を行ったものに集中的に投下することには一定の合理性がある。しかし他方では自助努力を「（行いたくとも）行えなかった」ものもいるはずであり、このとき意識的に自助努力を（行えるのに）行わなかったグループと、自助努力を（行いたくとも）行えなかったグループとの区別をつけるのは困難である。

第2に、税制優遇（所得控除）は、家計のマイナスを減らす形でのいわば「裏からの」、「消極的な」給付でもある。[11] とくにこれが社会保険ではなく、それをいわば超える部分についてであるだけに、年金財政が厳しいなかで、そこに対して税制優遇を行うことの必要性は厳しく判定されるべきであろう。もし財源が「ない」ならどこにもないはずで、財源がないから公的年金を縮減させて、他方では私的年金への実質的な給付を行う（さらには増やす）というのは整合性を欠く。さらには私的年金加入者への税制優遇を充実させることが、公的年金の縮減に合理性を与える理屈として使われるのであれば、ますます話が逆ともいえる。

前述したように、公的年金から私的年金へとウェイトをシフトさせることで、所得の再分配機能は弱まり、また結果的に「逆方向での所得再分配」にもなりかねない。自助努力を行う余裕のある層に対して、かえって財政的な支出を集中させることになるからである。それらにもかかわらず税制優遇を行うのであれば、それを支える強い論拠が必要であろう。

第3に、「公的年金では不十分だから」あるいは「公的年金が縮減されるから」というだけでは、いわば一種のスローガンに過ぎず、いいかえればつねに主張・援用可能な説明だともいえる。公的年金だけで十全に老後保障を行うというのは、事柄の性格上、いつの時代でも難しいからである。したがってこれだけでは、どのような内容（要件・方法等）での税制優遇が政策的に求められ

---

11) ここで「裏からの」、「消極的な」という表現にネガティブな評価は含めておらず、単に正面からの（積極的な形での）給付ではないという意味である。
　もちろんこのような手法は、たとえば児童手当と扶養控除の関係について指摘されるように、税率の効き方が異なるため、通常のような正面からの（積極的な形での）給付とまったく同じ帰結にはならない。

るか、正当化されるかということの具体的な指針となり得ない。

《公的年金の制度改正方向との関係》
　もっともこの点、公的年金がもっぱら中・高所得者の年金を削減する方向で改革される場合（たとえば報酬比例部分の給付乗率を逓減的にする等）、あるいは低所得者には格段の配慮がなされる場合には、いわばその代替措置として、私的年金への優遇を手厚くすることはあり得よう。
　公的年金との関係については次章で検討するが、そのような場合であれば、公的年金の縮減を補完する方策として、大きく給付水準が低下する中・高所得者層だけが結果的に私的年金の「上乗せ」機能を利用するということになったとしても、一定の合理性は認められよう。中・高所得者という「自助努力が可能な層」のなかでも、実際に自助努力をしているもの（自助努力を怠らなかったもの）に対して、税制メリットを与えるものとなるからである。いいかえれば「自助努力が可能な層」だけが私的年金を利用し、税制メリットを享受することに伴う前述したような問題点が、公的年金の改正内容によっては緩和されることがあり得る。
　公的年金の制度改正の方向としても、これはそれほど「悪くない」方向だとは思われる。もともと公的年金は所得再分配機能を有しているので、それを強めつつ——つまり中・高所得層に対して厳しい改正内容をとりつつ——、その代替措置として私的年金による補完の方途を準備しておくというのは、あり得る政策選択肢であろう。
　とはいえそのような場合には、本当に「もっぱら中・高所得層に不利益が及ぶ」改正内容になっているかどうかの精査が必要であるし、他方、公的年金制度のなかで、低所得者をことさらに分けて扱う——さらに一般論としても、社会保険のなかで、所得階層により取り扱いを大きく変える——こと自体の適否の問題は残る[12]。
　もっとも上記の点に限らず、その要件や内容によっては、その税制優遇の合理性が認められることはあろう。ここでは便宜上、税制優遇の論拠と、その内容（要件や方法等）とを分けて記述しているが、実際にはそれらは相互に関連

する問題だといえる。[13]

　とくに次章で述べるように、私的年金の基本的な役割をめぐる議論――「上乗せ」機能か「つなぎ」機能か――は、税制優遇の論拠との関係でも大きな意味を持ち得る。ただ、「上乗せ」であろうと「つなぎ」であろうと、「公的年金を補完するために、私的年金に対して税制優遇を行う」というだけであれば、前述したような基本的な疑問を解消するのが難しいように思われる。

　以上を踏まえて、上記とは別に、個人年金保険ないし私的年金への税制優遇を正当化しうる論拠――しかもこれまで言及してきた諸疑問をクリアし得る――について、次節で模索してみたい。

## 第4節　税制優遇の論拠(2)――個人年金保険の位置づけに即した説明の可能性

### 1. 個人年金保険の位置づけに即した説明の可能性

　前節や第1章（第2節）で述べたような諸疑問をクリアしつつ、個人年金保

---

12)　このあたりはむしろ年金全体に対する考え方が反映するところなので、ここで正面から取り上げるのは適切でないとも思われるが、その端緒だけを書けば、以下の通りである。

　　すなわち一方で、公的年金のなかで中・高所得者に際立ったしわ寄せを及ぼすことは、多くの国民に制度全体への失望感を招来するおそれがある。他方で、低所得者への配慮という場合も、その低所得者の線引きの内容が当然問題となるし、とくに低所得者に配慮すること自体は構わないとしても、そのような線引きを行うこと自体――「どこから下が低所得者である」というような――にかかる問題も生じさせる。加えて改正論議に際して、「低所得者には、別途、配慮すればいい」という発想自体にも、やや危ういものを感じざるを得ない。

　　ロベール・カステル〔前川真行訳〕『社会問題の変容――賃金労働の年代記』（ナカニシヤ出版、2012年）（とくに第6章）のいうように、社会保険とはそもそもは低所得者を念頭に導入された仕組みだともいえ、そこでなぜ「本来的な対象者」に対して「特段の配慮」をしなければならないのか――原則と例外が逆転してしまうというのは、制度設計自体がおかしいのではないか――という疑問がある。さらにいえば、社会保険のなかで、所得階層により大きく扱いを変えていく方向自体について（それが近時目立つ方向性ではあるが）、議論の余地があろう。

　　これらの点からすると、この政策選択肢が「あるべき方向」とまでいいきれるかどうかは、なお議論を要しよう。

13)　第6章（註1）参照。

険ないしは広く私的年金への税制優遇を正当化するような論拠は、いくつかあり得るように思われる。一般的な自助努力支援、公的年金の補完という、いわば純粋に政策的な論拠を離れて、年金全体ないしは社会保障のなかでの個人年金保険の位置づけに即して、税制優遇を認める（あるいはさらに拡充する）論拠として、ここでは以下の２つ――経済学のタームを援用すれば、一種の自己選択と、分離均衡の実現――を提示してみたい[14]。

後述するように、両者はある意味ではセットであるが、前者は主に社会保険との関係で、個人年金保険料を社会保険料と同等に優遇する論拠となり得るのに対して、後者は主にむしろ一般的な貯蓄との関係で、個人年金保険料を優遇する論拠となり得るものと考える。

## 2. 説明の可能性①――自己選択の実現

すなわちひとつには、私的な任意保険のなかでも、一定の部分については社会保険と同等に扱うべきであり、そしてどの部分がそれにあたるかは、各人の選択にかからしめる――すなわち各人が選択した水準を、その近似値として扱う――ことが合理的だという説明があり得るのではないかと思う。

具体的には、各人が選択した私的年金の加入水準（保険料および保険給付の水準）が、本来であれば公的年金であわせてその人に対してカバーすべきであった水準の近似値であり、したがってその保険料は、社会保険と同様に（所得控除の対象として）扱うのが合理的だ、という説明である。

このような説明は、「公的年金を補完する」というのと実質的には同じようなことであるかもしれない。しかしここでの説明の力点は、各人が「できる範囲で、なるべく自助努力を」ということではなく、各人にとって「本来あるべき老後保障の水準が、それぞれ別個に存在する（はずだ）」という点にある。そしてそのような個々の水準は、保険制度を運営する側では分からないので、こ

---

[14] 前者については長沼建一郎「高齢社会における生命保険の役割と可能性」『保険学雑誌』584号（2004年）21-34ページ、後者については同「社会保障（法）領域への『法と経済学』適用可能性について――個人年金にかかる法的ルールを題材として」『社会保障法』18号（2003年）75-89ページにおいて、検討を試みたことがある。

れを把握するために各人に表出・表明してもらうような仕組みにしているということになる。

　なお以上の点は、経済学でいわれる自己選択のメカニズムになぞらえて理解することができるように思う[15]。すなわち各人にとって最適な内容が、制度の運営側には分からないなかでは、各人の自己選択を通じて社会的に効率的な資源配分を実現するのが合理的だ、という考え方である。

　もっともこれだけでは、単に市場メカニズムを説明しているような印象も与えかねないが、いわゆる情報非対称性がある場合に、自己選択により、その私的な情報ないし選好を表出・表明してもらうようにする（そうなるように制度を設計する）という点にポイントがある。

**《社会保険と民間保険》**
　もともと社会保険では、対象者全員に、一律に保険事故と給付水準・給付内容を設定することから、個々人が独自に有する特定のリスクに対応することは難しいし、一定の事故の場合にとくに高い保障が必要だという場合があっても、任意保険のように積み増すことはできない[16]。

　各人の保険料も、その一律の給付に応じて自動的に（定額や、給与比例などの形で）定まる。民間保険であれば、いわゆる保険原理（その給付・反対給付均等の原則）に従って、保険料を倍にすれば、受け取る保険金の期待値も倍にすることができるが、社会保険ではそのようなことはできない。だから、それを上回るような「本当に必要」な水準や保障内容がある場合は、任意に保険に加入するという形をとらざるを得ない。なおここで「本当に必要」な、という平たい表現をあえて用いているのは、「あればあった方がいい」とか「あるに越し[17]

---

[15]　自己選択のメカニズムについては、たとえばポール・ミルグロム＋ジョン・ロバーツ〔奥野正寛他訳〕『組織の経済学』（ＮＴＴ出版、1997年）166ページ以下。
[16]　以下ではこれらの給付の「水準」と「内容」の問題を、水準で代表させて記述している部分がある。とくに年金の場合は金銭での給付であるため、問題は水準にほぼ集中するからである。ただ、たとえば年金種類の選択は、水準の問題ではなく、その意味ではつねに水準と内容の双方が問題になり得るものともいえる。

たことはない」というようなものとは明らかに一線を画した、切実な必要性である点を明確にするためである。[18]

しかしこれは、一般的な社会保険とは異なる（それを超える）「本当に必要」な水準や内容が、個別にはあるにもかかわらず——あるいは「本当に必要」な水準や内容は、各人ごとに異なるにもかかわらず——、そのそれぞれの適切な水準や内容を、保険制度を運営する側で把握できていないだけだともいえる。

だから、仮にそのような「本当に必要」な個別の水準や内容を、制度の運営側で把握可能であれば、それらをいわば個別の（本来あるべき）社会保険料として提示・徴収するのが適切だと考えることが可能である。しかしそのような各人にとって「本当に必要」な水準や内容を、制度の運営側では把握できないので、その代わりに各人に、それぞれ必要な水準や内容を自己申告してもらって、それが公的な制度（社会保険）からの給付を超えている場合には、足らざる分に向けて私的な保険料として拠出してもらうという見方は、とり得ないものではないであろう。[19]そしてこのとき、各人が選択した水準・内容に対応する

---

17) 社会保障給付の内容や水準が「最低限」のものか、「標準的」なものかは制度によっても異なる。たとえば医療保険では、「最低限」というよりは、「標準的」な内容・水準というべきだろう。これをオプティマム（最適）水準とも呼べようが、それでもなお個々の、しかも切実な必要性を汲み尽くせているわけではないと考えられる。（すべての人に過不足なく適合する給付内容や水準を、一律の制度によって提供するのは原理的に不可能であろう。）

なお社会保障給付の水準のあり方全般につき、堀勝洋『社会保障法総論』（東京大学出版会、1994年）55-58ページ、菊池馨実『社会保障法』（有斐閣、2014年）31-33ページをあわせて参照。

18) したがって、いわゆるモラルハザードの排除、ないしは社会的ニーズというような内容にも近いが、ここではそれが個々人で異なるという点にポイントがある。逆に、ここでは哲学的な含意——たとえば「省察を加えたうえでの選好」というような——はとくにないし、また最小国家論的な含意——たとえば「真に必要なものに限る」というような——もない。それらのことからここでは、あえて「本当に必要」という平たい表現を用いている。

なお「需要」と「必要」の違いにつき、武川正吾『福祉社会』（有斐閣、2011年）、63ページ以下を参照。

19) 逆に、社会保険の定める一律の給付水準や内容が、個々人にとっては必要性があまりない（高すぎる、多すぎる）ということもあり得るが、その場合に、だからといって未納や免除等を認めるのは強制加入の社会保険のもとでは困難であろう。

私的な保険料を、いわば「本来あるべき保険料拠出」(あるいはその近似値)の一部とみなして、税制上も社会保険料と同様に所得控除の対象とすることは、一定の合理性を有するものと考えられる[20]。

より具体的には、「本当に必要」な老後費用の水準、あるいは老後保障にかかる切実な必要性は、本来は個々に——財産・資産の保有状態や、就労状況、健康状態、家族構成等々と、それらの将来的な見通しに応じて——存在するはずである。そうだとすれば、それらに応じた個々の「本当に必要」な老後保障に向けた私的年金への拠出は、公的年金の保険料と同等に扱うべきだという考え方になる。

いいかえれば私的年金によって、公的年金の「全般的な水準(の低さ)を補完する」のではなくて(その奨励・支援として税制優遇を位置づけるのが、従来の一般的な説明であろう)、その「水準の一律性——それに伴う限界、個々の足らざる部分——を補完する」ということになる。

以上は、それほど突飛なことを述べているつもりはない。たとえば公的年金にしても、国民年金と厚生年金とでは保険事故の範囲も異なる部分があるし、給付水準はまったく異なる。これは国民のなかでも、勤務形態等によってニーズが異なることから、それぞれに即した標準的な保障内容を提示しているものであるし、逆に個々にみれば、その標準的な内容には必ずしも適合しない部分があることも当然想定される[21]。

---

20) 実際には本人にしても、「本当に必要」な水準や内容が分かるとは限らないともいえる。ただ、もし本人なら分かる、思い至るという場合があれば、その部分だけでも事態は改善するし、このような仕組みで本人が冷静に考え、検討・判断する機会を提供すること自体に一定の意味はあるだろう。そのようなことからも、あくまで「近似値」ということではある。

21) たとえば厚生年金では障害等級が3級まであるが、国民年金では2級までしかない。これは、自営業者等は障害等級3級をカバーする「必要がない」のではなく、カバーする必要性が区々であり、一律に保険料を徴収して、保険給付範囲に含めるのが妥当ではない——逆に勤め人にとっては、一律にカバーする必要がある——ために、こうなっているものとみることができる。そのようなニーズの個別性は、本来は老後保障全般に関してあるはずであり、ここではそのことを正面から位置づけた説明を試みているものである。

あるいはたとえば社会保険のなかでも労災保険では、保険料は事業主負担であるが、業種の危険度に応じて保険料が細かく設定されていて、それらは税務上すべて損金算入される。ここで述べてきた説明は、そのような違いや差をいわばさらに個別化して、しかも個々人にそれを提示してもらう仕組みとして位置づけているものともいえる。

したがって、これらは「余裕がある場合に、上乗せする」という性格のものではないし（もっと切実な性格のものである）、また目標感としても、「なるべく多くの人が、高い水準で加入する」とか、「できれば全員が、限度額まで拠出する」のが望ましいというものではなく、個々人ごとに、適切な水準が想定されるはずのものとみることができる。

《近似値的評価の合理性》

しかしこのときただちに疑問となるのは、このように各人が選んだ額を、そのまま社会的にも「本当に必要」な水準とみなして構わないのかという点であろう。もし誰でもが、より多く（高水準・広範囲の保障を）ほしいというものであれば、それを自己申告で表明させて、そのまま税制優遇の対象にするというのは違和感を免れない。そのようにしては、単に多く拠出する余裕がある層が、多くの税制メリットを享受することになってしまうからである。逆にいえば各人にとって、「本当に必要」な水準を超えていれば、保険をかけるのがむしろ「もったいない」、「ムダ」くらいの性格のものでないとおかしい。

その意味で、次の3.で述べる点（分離均衡）とも関連してくるのだが、「とにかく奨励・誘導すればいい」というのではなく、各人として「この水準までの私的年金への加入が望ましい」という、ピンポイントでの（それ以上でもそれ以下でもない）水準が個々にあるはずであり、そこまでの加入を可能とするような制度設計が必要だということになる。

やや別の角度から直感的な説明を試みれば、それは医療サービス――たとえば手術――を利用するようなイメージである。（あるいは「リハビリ」や「投薬」などでも以下の説明は基本的に当てはまるはずである。）手術は、病気を治したいという、「本当に必要」としている人にとってのみ意味がある。金銭的に余裕が

第5章　個人年金保険／私的年金に対する税制優遇の論拠

あるからといって、必要もないのに手術をしたいという人はいないはずであり、その意味で、個々の患者が（実際には医療ではしばしば供給側主導であるにせよ）選んだ手術の内容こそが、社会的にも必要なものとみなすことが可能である。（あるいは少なくともその近似値として、そのようにみなすしかないともいえる。）だからこれを医療保険の給付として行うことは、基本的に合理性を有するものといえる。

　老後保障についても、現役期に保有している金額・財産を、全部ないしはできるだけ多く、年金の準備につぎ込めばいいというものではないはずである。いいかえれば「本当に必要」な額は区々であり、どこまで現在および近未来の消費等を断念して、もっぱら老後保障のために投入するのが望ましいのかというポイントは、本来個々に――つまり財産・資産の保有状態や、就労状況、健康状態、家族構成等々と、それらの将来的な見通しに応じて――あるはずである。

**《現行制度の評価およびトンチン型の終身年金との適合性》**
　もっとも現行の個人年金保険料に対する税制優遇の内容（要件や方法等）が、このような自己選択を実現する機能を果たしているかについては精査が必要である。
　すなわち第3章で述べたように、現行制度の要件は見方によってはかなり広い（緩い）ため、（次の3.で述べる点とも関連するが）公的年金の一律性を補うというよりは、幅広く通常の貯蓄に比較的近いニーズにも応え得るものとなっている。いいかえれば社会保険との距離は、同視できるほど近いとはいいづらい。他方、現行制度では控除額および控除に算入される限度額は高くなく、「本当に必要」な水準に対応しているものとはいえないように思われる。
　ただ、これらの点も踏まえて、むしろ今後の改正の際に（つまり税制優遇を拡充する際には）、その税制優遇の論拠との関係をきちんと検証していくことが求められるということになろう。
　そのような意味で、もし税制優遇の対象をトンチン型の終身年金に絞れば、ここでの説明との適合性はより高くなる。すなわちトンチン型の終身年金であれば、年金原資が「没収」されるリスクもあることから、投入する金額は「多

ければ多いほどいい」とはならず、むしろあまりつぎ込んでも危うい面が出て
くる。そのことから逆説的ながら「自己選択の実現」という論拠による説明に
適合しやすくなる。

　そしてこのような論理が成り立つようであれば、私的年金への税制優遇が、
「自助努力できない層を切り捨てる」ことになるという懸念は、クリアしやす
くなるだろう。むしろ各人にとって「本当に必要」な拠出額に対してのみ、税
制メリットを提供する（実質的には補助する）ものと位置づけられるからであ
る。また各人にとって「本当に必要」な額ということであれば――つまり過剰
に投入しても意味に乏しいということであれば――、その限りにおいて、余裕
のある層への「逆方向での所得再分配」にはならないといえる。

　後述するような税制優遇の要件、方法とあわせて、このような説明に立脚し
て、制度設計の指針とすることは可能であるように思われる。

### 3. 説明の可能性②――分離均衡の追求

　個人年金保険ないしは広く私的年金について、税制優遇を行う（あるいはさ
らに拡充する）論拠としてはもう１つ、一定の制約と優遇措置をセットで提示
することで、とくに一般的な貯蓄との関係で、個々人に私的年金商品への加入
判断の適切な機会を提供する、という説明があり得るのではないかと思う。

　具体的には、個人年金保険を単に（税制優遇措置等もなく）提供するだけで
は、汎用性の高い（「出し入れ自由」の）通常の貯蓄と比べて一般的には忌避
されがちである。そこでこの税制優遇の要件を１つの「目印・分岐点」として提
示することで、自覚的な検討や判断の機会が提供され、一定の場合には通常の
貯蓄から「離脱」して、個人年金保険を購入することが促される。このような
プロセスを通じて任意加入のなかで、個人年金保険が必要な人は加入するとい
う「適切な振り分け」が可能になるという考え方である。

　なお以上の点は、やはり経済学でいわれる分離均衡のメカニズムになぞらえ
て理解することができるように思う。[22]すなわち選択肢がなかったり、単にフ
ラットに選択肢を置いておくと、偏った選択や行動がとられてしまい、結果と
して社会的にも効率的な資源配分がされないときに、一定の目印を備えた選択

第5章　個人年金保険／私的年金に対する税制優遇の論拠

肢を提供することで、各人に検討・判断する機会が提供され、自覚的に合理的（分離的）な行動が選択され、結果として社会的にも効率的な資源配分が可能になるという考え方である。

　もっともこの説明では、単に市場において「価格メカニズムによって、適切な需要と供給が生まれる」という話に似た印象を与えるかもしれない。しかしここではやはり情報非対称性がある場合に、その選好が表明・表出されるような選択肢を提供することで、選択・行動が偏って効率性が損なわれるのを回避する——結果として適切な振り分けが実現され、各人にとっても福利が増大する——という点にポイントがある。

《貯蓄との関係》

　より具体的にいえば、ここでは老後貯蓄のなかでも、年金という使途に限定して（つまり途中では引き出せない形で）積み立てるという点で、「出し入れ自由」の通常の貯蓄に比べて一定の制約を設けて、その反面として税制メリットが提供される。（後述するように対象をトンチン型の終身年金に限定すれば、制約はさらにきつくなる。）「年金資金として事前に順次積み立てて、老後に年金としてしか受け取れない」という設計は、ある意味では不自由であり、現役層には普通はあまり好まれないことが考えられる。しかしそこで税制メリットを付与することで、それがないときよりは需要を喚起することができる。

　このとき「そのような制約を嫌って税制メリットも断念する」か、あるいは「制約を甘受して税制メリットを享受する」か、各人の行動は2つに分かれる。つまり、このように目印を伴う選択肢が提供されることにより、そのような検討・判断が各人に迫られることになる。

　そこで各人が冷静に考えて、より老後に備える必要性が意識されれば、一定の税制メリットが得られることを引き換えに、現在および近未来の消費を断念

---

22)　分離均衡については、たとえばベルナール・サラニエ〔細江守紀他訳〕『契約の経済学』（勁草書房、2000年）60ページ以下、88ページ以下など。
　　なお、逆に選択・行動が統一されることで、効率性が実現されることもあり（一括均衡）、つねに複数の選択肢を提供することが効率性に資するというわけではない。

して、個人年金保険に加入することが想定できる。

　前述した例を再度引き合いに出すならば、医療サービス、たとえば手術に要する費用への補助を提供する（あるいは価格を割り引く）ことで、「本当に必要」な人にとってはこれを利用しやすくなる。とくに費用がかかることで、手術を断念するという不幸な事態を避けることができる。他方で「本当に必要」というわけではない場合は、いくら費用の補助が出る（安くなる）からといって、無理に手術を受けることはないだろう。

　前述したように、これが通常の貯蓄との間では、ほとんど「勝負にならない」ところ、通常の貯蓄と、補助（割り引き）付きの年金積立との間であれば、「いい勝負」になることが期待される。とくに検討の機会が提供されて、そこで老後保障を積み増す必要性が意識されれば、そのような補助（割り引き）はその有効な支援になるだろう。

　このように一定の選択肢を提供することで、それに対する検討・判断を通じた行動を促して、対象を適切なグループに分離させ、社会的な効率性を実現する——すなわち「本当に必要」なものだけに補助が提供され、無駄が生じない——とともに、各人にとっても福利が向上されることが期待できる。

　したがって「需要の喚起」といっても、ここでは対象者全員がこれを利用することを想定しておらず、むしろ積極的な意味で「一部のものだけ」の利用を想定ないし期待しているものといえる。いいかえれば「自己選択の実現」について述べたのと同様に、「なるべく多くの人が、高い水準で加入する」とか、「できれば全員が、限度額まで拠出する」のが望ましいというような目標感ではないことになる。

　さらにいえば、ここでの1つの力点は、何が自分にとって「本当に必要」かを検討する機会を提供すること自体にあり、たとえばそこで本人でも「本当に必要」なものが分かるのか、あるいはそれが「正しい」のかというようなことよりも、そのような機会を通じて自覚的な判断を促すこと自体に意味があるといえる。[23]

---

23) 註20および次に述べるソフト・パターナリズムについての記述をあわせて参照。

第5章　個人年金保険／私的年金に対する税制優遇の論拠

《現行制度の評価およびトンチン型の終身年金との適合性》
　ただし現行の個人年金保険料にかかる税制優遇の内容（要件・方法等）が、そのような分離均衡を実現する機能を果たしているかについては、やはり精査を要する。前述したように、現行の税制優遇の要件は、全般的な貯蓄優遇とは一線を画しているが、それでも幅広く貯蓄的な内容まで対象に含めているからである。
　具体的には第3章でみたように、保険料の払い込み段階（積み上げ過程）については、現在および近未来の消費を断念して老後に備えるものを対象とする点が明確になっているが、他方、年金の受け取り段階（払い出し過程）については、貯蓄的な色彩が強いものも対象に含めており、貯蓄との距離は微妙だといえる。
　ただ、このように現行の税制については両方の面がある以上、むしろ今後の改正の際に（つまり税制優遇を拡充する際には）、それらをきちんと検証していくことが求められるということになろう。
　そのような意味で、「自己選択の実現」について述べたのと同様に、この分離均衡に関しても、税制優遇の対象をトンチン型の終身年金に限定すれば、説明としての適合性はより高くなる。
　トンチン型の終身年金と、「出し入れ自由」の通常の貯蓄とは、少なくとも払い出し過程においては対極的であり、自然体ではトンチン型の終身年金は選択されづらいものだとすれば、税制メリットを付与することで、必要性を有するものにはこれが選択されるようになることが期待されるし、しかし逆に税制メリットがあっても全員がこれに流れ込むということにはならないだろう。
　とくに多額の収入や資産があるもの、あるいは扶養してくれる家族・親族がいるもの、その他老後保障に心配がないものは、わざわざ「没収」されるリスクをとって、トンチン型の終身年金に資金を投入することは多くないだろう。逆にそのような「他の手段」がないものに対しては、税制メリットの存在が、その収入のなかから保険料を拠出することを促して、老後保障を準備させることにつながれば、まさに私的年金に加入すべきものだけを、分離的に加入させるという状態を実現することができよう。

付言すれば、このような論理であれば、「自助努力しづらい層」へのまさに支援になるし、逆に余裕のある層への「逆方向での所得再分配」にはなりづらいはずである。またむしろそのような趣旨、説明に沿った仕組みにする必要があるという意味で、制度設計の指針となり得るものであろう[24]。

《ソフト・パターナリズム、誘導的政策手法との関係》

付言すれば、以上の内容は、最近紹介されることが多い、いわゆるソフト・パターナリズムの考え方とも一定の近縁性を有する議論であろう。ソフト・パターナリズムとは、推奨される選択肢を初期的に設定して（デフォルト）、そこからの離脱の余地は残しつつ、一定の方向に誘導しようとするもので、ここまで述べてきた内容と、発想としては近いものがある[25]。

ただ本書が基本的に依拠しているのは、いわゆるペナルティ・デフォルト（罰則的任意規定）と呼ばれる議論であり、むしろかなり以前から唱えられている考え方でもある[26]。

そしてここではソフト・パターナリズム的な説明を排する意図はとくにないが[27]、両者の力点は微妙に異なり、本書では1つの方向への誘導というよりは、むしろ検討の機会を提供して、それぞれに判断してもらうこと自体に大きな意

---

24) その意味では、税制優遇の水準は「目印レベル」で構わない（必ずしも社会保険料のように全額を控除する必要はない）ともいえる。ただ、ある程度は目立たないと選択肢として認識されないし、あわせて行動を促すだけの水準である必要はあろう。
25) 代表的には、リチャード・セーラー＋キャス・サンスティーン〔遠藤真美訳〕『実践行動経済学』（日経BP社、2009年）（とくに第5章）。またこの考え方と私的年金にかかる諸外国の政策との関係について、臼杵政治「拠出建て年金における自己責任とパターナリズム——老後の所得保障の観点から」『リスクと保険』8号（2012年）、95-117ページ、森戸英幸「企業年金法における「デフォルトアプローチ」が示唆するもの」『労働法学の展望』（有斐閣、2013年）所収309-335ページ。
26) 罰則的任意規定については、文献の所在を含めて長沼・註14（「社会保障（法）領域への「法と経済学」適用可能性について——個人年金にかかる法的ルールを題材として」）をあわせて参照。
27) ソフト・パターナリズム的な法政策への評価については、長沼建一郎「自立支援にかかる政策手法」菊池馨実編『自立支援と社会保障』（日本加除出版、2008年）所収97-119ページで若干検討したことがある。

義を見出している。(その意味で、何が自分にとって「本当に必要」かを検討する機会が提供されること自体に意義があり、また結果としてとられる行動も、複数に分かれる方がむしろ望ましいといえる。) 内容に即していえば、私的年金を奨励すればするほどいいというものではなく、前述したように、たとえば「なるべく多くの人が、高い水準で加入する」とか、「できれば全員が、限度額まで拠出する」のが望ましいというような目標感ではない。[28]

## 第5節　公／私の切断と、保険／貯蓄の切断──まとめに代えて

　個人年金保険や、さらに広く私的年金について、任意加入の制度ではあるが税制面で優遇する（あるいはさらにこれを拡充する）とすれば、それを支える個人年金保険の位置づけに即した固有の論拠としては、ここまで述べてきたように、そのことが一種の自己選択と分離均衡を実現するという説明が考えられる。

　もちろん上記の説明の妥当性については議論の余地があろうし、また他の説明もあり得ようし、さらにそれら以外の政策的な要因が働くことはあるだろう。しかし年金や社会保障を論じる立場からは、いずれにせよ単にスローガン的にではなく、合理的に税制措置を論拠づけることが可能かどうかを検証していくことが大切であろう。

### 《2つの説明の関係》

　ただしこの自己選択と分離均衡という2つの説明は、大幅に重なるものであり、実際に経済学の領域においては、情報非対称性のある場面で「自己選択によるシグナリングにより、（一括均衡ではなく）分離均衡が実現される」という

---

28)　むしろそのような目標感とは一線を画することに力点があるともいえる。
　　これに関連して、森戸・註25がソフト・パターナリズム的な「デフォルトアプローチ」に対して、「そこまでその選択肢の「望ましさ」が明白なら、加入を強制してしまえばよいではないか、あるいは公的年金を充実させればよいではないか、という反論もありえよう」(334ページ)と指摘しているのは印象深い。

形で、一連の理屈として説明される事柄である。

しかし本書の内容に即しては、あえて２つに分けて説明した方が分かりやすいと考える。

すなわちまず分離均衡の追求は、主として効率性の観点（過小需要の是正、過剰需要の抑制等）であり、また市場メカニズムの重視・活性化であり、行動の誘導でもある。（ただし全員を誘導しようとするものではない。）そこでは通常は２つのタイプの民間保険で行動を分離させるのが教科書設例であり（免責条項と保険料でバリエーションを設定する[29]）、社会保険との関係は問題にならない。本章では貯蓄というスキームを「もう１つの選択肢」として位置づけており、ここでの問題は、貯蓄との距離である。

これに対して自己選択の契機は、内容が一律に定められる社会保険という制度を前提としての、自己決定の重視という趣旨であり（この点では、必ずしも行動の誘導ではない）、それは市場メカニズム、経済的な効率性等というよりは、法哲学的な観点でもある。すなわち公私の領域を分けて、公の部分については社会で一括して一律に物事を定めることの限界にかかわっている。

とはいえ一方では、私的領域として自己選択に委ねた部分についても、税制優遇により公的なかかわりを行い、ある意味で公的領域に引き寄せているわけであり、自己決定、価値観の多様性を認めつつも、公的部分との接続を図ったものだといえる。

他方、分離均衡に関しても、それを実現するために税制優遇を公的に与える以上、単に私的領域で複数の選択肢を準備して効率性を追求するというのとは明らかに異なり、公的な契機が大いにかかわっている。

つまり、いずれにせよ社会保険および税制優遇という、市場と国家の接点、また公私の境界線上における調整が問題となっているものであり、そこで自己選択と分離均衡という２つの考え方が重なり合いつつ、適切な振り分け・調整の役割が果たされることを期待しているものである。

---

29) ２つの保険タイプによる説明につき、たとえばミルグロム＋ロバーツ・註15、161ページ。

第5章　個人年金保険／私的年金に対する税制優遇の論拠

《公／私の切断と、保険／貯蓄の切断》

　以上の点を別の角度から整理すると、ここには2種類の「切断」があるというべきだろう。すなわちひとつには公／私の切断であり、もう1つは保険／貯蓄の切断である。

　いいかえればここで税制優遇に相応しい対象として切り出そうとした領域は、一方では公的な領域からいわば滲み出した部分であり、しかも他方では「保険〜貯蓄」というスペクトラムにおいて、純然たる貯蓄の側からは距離のある部分である。この2つの要素のオーバーラップした部分が、本書の立場からすると、正面から税制優遇を認め、さらには拡充することが正当化される領域だといえる。すなわち公的領域そのものではないが、私的領域のなかでも公的領域との距離が近く、逆に貯蓄という純然たる個人的所有からは距離が遠い──ひとことでいえばそのような領域が、税制により支援されるべきであろう。

　このうち第1の切断は、いわゆる公私の役割分担にかかわる調整といえる。すなわち「公／私」のなかで、正面から「公」の領域には入らないものの、「私」のなかでも「公」と至近距離にあって、純然たる「私」の領域のものとは明らかに異なる部分を切り離すということであり、いいかえれば公的関与をするに値する領域、公的な制度と同じような扱い（税制優遇）が妥当だと考えられる領域を切り出すということである。

　ここでの考え方は、「公／私」についての一定の見方を前提としている。すなわち公的な保険（社会保険）にはその固有の役割があり、これに対して私的な任意保険（民間保険）も、その単なる補完や上乗せではなく、むしろ公的な保険が一律に担うには適さない領域──具体的にはその保障に関する価値観が一致しない領域──を積極的に担うべきだという考え方である[30]。

　したがってこれは、いわゆるリベラル・デモクラシー論の主唱する公私二分の考え方に沿ったものといえる[31]。もっともここで問題となっているのは社会保

---

30) 端的な例としては、通常の生命保険（死亡保険）は、生命の価値や価格に対する評価が個々人で異なることから、社会で一律に決めるのではなくて、それぞれが加入およびその（死亡）保険金額を選択するものだと考えることができる。長沼・註14（「高齢社会における生命保険の役割と可能性」）をあわせて参照。

険と民間保険との役割分担なので、民間保険についてはもともと保険監督上の規制が大幅に及んでいるし、そもそも市場というもの自体、それが純然たる私的領域かといえば、国家がそのルールを設定するという側面が大きい点に注意を要する。また逆に社会保険も「保険」である限りにおいて、個々人の財産権との結びつきが小さくないことから、純然たる公的領域とは若干性格を異にする。つまりもともと公私分担の境界としては、やや微妙な領域の、そのまた微細な調整が求められているのがこの税制優遇の問題だといえる。[32]

他方、第２の切断は、貯蓄と保険の「振り分け」にかかる調整といえる。すなわち「貯蓄〜保険」のスペクトラムのなかで、純然たる貯蓄とは異なり、一定の保険性ないしはリスク移転性が認められるものを切り出す——いいかえれば通常の貯蓄とは異なる扱いをすべき領域、一段踏み込んだ支援・奨励（税制優遇）を行うのが妥当だと考えられる領域を切り出すということである。

ここでの考え方は、通常の貯蓄が純然たる個人的な所有であるのに対して、保険は相互扶助にかかるいわゆる社会的な所有という側面があることに着目して、その切断・振り分けを図るというものである。したがってそれは（結果的に関係する部分があるにせよ）必ずしも金融機関の業際問題的な議論ではない。[33]

ただ、いうまでもなくその峻別は困難である。公私の峻別が困難な部分の微

---

31) 多様な価値観の不一致（比較不能性）を前提とした、いわゆるリベラル・デモクラシー論の主唱する公私二分の考え方については、たとえば長谷部恭男『憲法学のフロンティア』（岩波書店、1999年）第１章が端的に述べている。井上達夫『法という企て』（東京大学出版会、2003年）第10章、アイザィア・バーリン〔小川晃一他訳〕『自由論』（みすず書房、2000年）もあわせて参照。

32) 逆に契約（個々の個人年金保険契約）の方に視座を据えてみると、ここで扱っている問題は、契約構造の中心的／付随的部分という二分法と、それでは割り切れない中間的領域の存在という論点にほぼ照応する。この契約における中間的な条項という論点を提示したのは、廣瀬久和「内容規制の諸問題」『私法』54号（1992年）32-50ページ（および８-16ページ）である。

なお長沼建一郎『介護事故の法政策と保険政策』（法律文化社、2011年）第９章では、この点につき介護保険に即して検討を試みた。

33) ただし普通預金については、「出し入れ自由」であることに加えて、いわゆる決済性を有する点が別途重要である。

## 第5章　個人年金保険／私的年金に対する税制優遇の論拠

細な調整が第1の切断に求められたのと同じような意味で、貯蓄と保険——あるいは個人的所有と社会的所有——の峻別が困難な部分の調整がここで求められているのである[34]。

とくに第3章で述べたように、日本では保険といっても貯蓄性が高いものが多く、貯蓄と保険の境界は本質的にあいまいであり、そのことが個人年金保険、さらに終身年金においてもあらわれている。

また逆に、貯蓄については一切支援を要しないというわけではない。たとえば現在でも財形制度があるように、貯蓄自体を支援することにも一定の合理性はあるし[35]、ましてや老後に向けた貯蓄という意味では必要性も高く、たとえばその積み上げ途中での引き出しが制限されているというだけでも、政策的に支援する契機は十分にある[36]。しかしここでは年金ないしは社会保障を論じる立場から、社会保険と同視すべき領域かどうかを判定するために、貯蓄との距離を1つの基準としたということである。

日本においては、社会保険のなかにも貯蓄性が「すべり込んで」きているので、貯蓄と距離があるからといって、ひるがえって必ずしも「社会保険に近い」とはいえないかもしれない。ただ、これら2つの切断により——すなわち社会保険からの距離が近く、貯蓄からは距離があるという2つの方向からの絞込みによって——、税制優遇に相応しい領域の大枠を画定できるのではなかろうか。

つまり税法固有の論理で「担税力が減少しているかどうか」というような基

---

34) 社会的所有の概念については、カステル・註12、第6章を参照。
35) かつてはいわゆるマル優制度が正面からすべての人に適用されていた（1987年まで）。
36) そこでは幅広く国民に対して機会を提供して、自助努力を奨励・支援するため、制度間の公平性の確保が大きな課題となり、それが近時の議論の主流でもあろう。たとえば鳴島・註7、森戸・註25、臼杵政治「老後準備に統一的な税制を——カナダRRSPのケースを参考に」『ニッセイ基礎研report』2002-5（2002年）14-19ページ、森信茂樹・河本敏夫「「日本版IRA」（個人型年金積立金非課税制度）導入の提言」『ファンドマネジメント』65号（2011年）20-29ページ、佐藤英明「日本版個人退職年金（JIRA）構想について」『個人金融』17巻4号（2013年）43-52ページ、など。
　なお第4章（第5節）、第6章（第2節）もあわせて参照。

準だけでは決め手とならず、逆に「政策的に優遇すべきかどうか」というだけではこれまた範囲を画すことが難しいとすれば、このような2つの「距離感」が、税制優遇に相応しい私的年金の範囲や内容を画するための、いわば固有のメルクマールになるのではないかと考えられる。それは現在の個人年金保険料控除をも一定程度説明するものでもあろうが、とくにこれを拡充する際には、これらの距離感に即してその必要性や合理性を測るべきであろう。

　とりわけ今日的な政策課題に即していえば、社会保険（公的年金）の守備範囲が縮減傾向にあるとすれば、そこからいわばオーバーフローする領域は大きくなる。しかしだからといって、社会保険がカバーできない領域をすべて税制優遇の対象とすれば、一挙に貯蓄周辺まで大幅に射程に含まれてくる。そこで、とくに公的年金の縮減傾向との見合いで税制優遇を拡充するとすれば、他方でのいわば押さえとして、「出し入れ自由」の通常の貯蓄との距離が確保されているかどうかを注視しておく必要があり、それを要件として組み入れていくことには合理性があるだろう。

### 《トンチン型の終身年金との関係》

　本章で述べてきたような税制優遇に関する論拠は、すでにふれてきたように、個人年金保険全般というよりは、トンチン型の年金に関してより適合するものだといえる。

　つまり個々人によって「本当に必要」な額が異なり、いいかえれば全員にとって、より多い方が望ましいというわけでは「ない」という条件を満たすことが望ましく、トンチン型の年金はこれに適合性が高いことが指摘できる。もし全員にとって、より多い方が望ましいということであれば、そのような内容で全員加入にすればいいのだし[37]、そうせずに任意加入の制度で税制メリットを与えれば、より多く拠出できる層が、より多くの税制メリットを享受するという帰結になってしまう。

　それは逆にいえば、「出し入れ自由」の通常の貯蓄とは異なるということで

---

37）　註28参照。

もあろう。一般的な貯蓄であれば、誰にとっても「より多い方が望ましい」からである。その意味で、貯蓄との距離の確保（それは一定のリスクを引き受けるということでもある）に税制優遇の１つのポイントがあるといえる。[38]

このようなトンチン型年金の設計や考え方は、「富裕層」や「余裕のある層」には歓迎されないものかもしれない。とくに、せっかく自分が積み上げた財産（年金原資）を、死亡という不運な事柄を契機として「没収」されるというのは、いわば泣き面に蜂であり、とても納得いかないことも考えられる。

しかし、それでいいのではないか。逆に「富裕層」や「余裕のある層」以外にとっては——あるいは資産もなく、扶養してくれる家族もいないなど、他に老後保障の手段がないものにとっては——、そのようなリスクをとって保険料を拠出するという、いわば「捨て身の作戦」を取ることによってしか、実効的な（「本当に必要」な水準の）老後保障を得られないとすれば、そこはまさに税制的に優遇して支援するに値するというべきだろう。

ロベール・カステルは社会保険（とくに公的年金）について、それがもともと他に手段のない賃金労働者が、唯一老後の保障を得るためのギリギリの選択としてはじまったことを述べている。[39] 年金や社会保障にかかる政策においては、そのような視点を忘れるべきではないと考えられ、私的年金への税制優遇においても、それが公的な関与である限り、（それだけと限定はしないにせよ）少なくとも１つの軸足はそこに置くべきではないか。

もっとも、上記とは逆の見方もあり得なくはない。つまりトンチン型の年金は、ある種のリスクを抱えての投資ともいえるので、ある程度の「余裕」がないと、踏み切れないとみる余地もある。すなわち他の資産等があって、積み上げた年金原資を「没収」されても大丈夫だという場合に、はじめてトンチン型の年金に資金を投入できるという見方である。[40]

逆に、今とても資金的に苦しい層（余裕がない層）は、税制優遇（所得控除）があるくらいでは、とても私的年金に加入できないということもあろう。いい

---

38) もっともそのような意味で、積み上げ段階の諸制約だけであっても一定の意義はあるといえる。註36参照。
39) 註12参照。

かえれば依然として「逆方向での所得再分配」になってしまう可能性はある。

　ただ、以下のことはいえるだろう。すなわちここでの議論は、あくまで公的年金による老後保障があることを前提としている。公的年金にしても、保険料の拠出は必要であり、それも難しければ免除等の制度が用意されている。もし公的年金の保険料は払っていて、さらにそれを超える「本当に必要」な老後保障の水準があるものの、税制優遇があってもなお私的年金の保険料は拠出できないということであれば、それはもはや仕方ないというべきではないか。（逆に、公的年金の保険料を払わずに、私的年金の保険料を払っていたら、それはそれで問題であろう。）いいかえればそのような検討・判断の機会を提供すること自体に一定の意味はあり、公私の年金をもってしても、最終的に全員が満足のいく老後保障を得るという結果までを実現するのは困難であろう。その意味で、本章での主張内容もあくまで現状を「少しでも」改善するための、あるいは「より悪くない」（lesser evil）政策選択肢を模索する試みということになろう。

---

40）　平たくいえばトンチン型の終身年金は、「長生きという宝くじ」にあたると賞金がもらえるという「リスク性の高い投資」だとみれば、家計という資産のポートフォリオにおいて、ある程度の余裕がないと、その種の商品への資金投入は難しいともいえる。
　　もっとも本書としても、「余裕のある層」の加入を否定するものではなく、逆に自然体では「余裕がない層」の加入が難しいと思われるからこそ、政策的な対応の重要性を述べているものである。

## ❖第6章❖

# 個人年金保険／私的年金に対する税制優遇の要件と方法

## 第1節 緒　説

　個人年金保険、ないしは広く私的年金に対する税制優遇については、とかくその控除限度額や要件（対象の選別）が議論されるが、前章で検討したように、まずもってその論拠や制度趣旨が重要であろう。そしてその論拠や制度趣旨との関係で、どのような税制優遇が適切か、また正当化されるかが決まってくるはずである。

　そこで本章では、これらの税制優遇の要件と方法について、税制優遇が認められる論拠との関係を意識しながら、商品構造（とくに「① 保険料の払い込み段階 → ② 保険事故 → ③ 年金の受け取り段階」という構造）に即して、順次検討する。具体的には、まず公的年金との関係を検討したのちに、税制優遇にかかる要件（対象）と、その効果（方法、手法）にかかる論点を順次取り上げる。最後に実務的な諸課題を整理したうえで、私的年金にかかる政策の特質についてふれる。

　なお税制優遇の設計においては、その効果と要件とは表裏である。いかなる要件で（すなわちどのような対象に）税制優遇を認めるかは、いかなる効果を（すなわちどのような税制優遇の内容を）設定するかと連動するものであり、逆にいえばそれ単独では決められないはずである。一定の政策目的を有するルール策定であれば、むしろ政策目的に沿った効果（税制優遇内容）が設定されてから、それにあわせた要件が検討されるべきでもあろう[1]。したがって以下の記述も、

あくまで便宜的に順次記述しているにすぎない。

## 第2節　税制優遇の対象(1)——公的年金との関係で

### 1. 問題の所在

　現在の個人年金保険料控除の基本的な要件は、第2章（第4節）で述べたように当事者に関する要件に加えて、「保険料払込期間が10年以上」、「年金支払開始日が60歳以上」、「年金支払期間が10年以上」というものである。

　この要件のなかで、近時の私的年金への税制優遇（拡充）論議においては、対象とする年金種類に関して、「終身年金に限定すべきか」という点に議論が集中している感もある。もちろんそのこと自体に意味はあり、本書でも終身年金をめぐって縷々述べてきたところである（本章（第3節）でも再度取り上げる）が、ここでは税制優遇の対象の選別という観点から、改めてまず公的年金との関係を取り上げたい。それはそこでの私的年金の役割如何ということであり、いわゆる「つなぎ」機能を重視するか、「上乗せ」機能を重視するかという点である。

《つなぎ機能と上乗せ機能》

　私的年金に関しては、「つなぎ」機能を重視するか、「上乗せ」機能を重視するかという点が、かねてより繰り返し議論されている。

　私的年金にこの2つの機能（ないし役割）があること自体は、保険や年金の初歩的なテキストにも書かれている内容であるが、それが論者により、そのうちの片方を強調する形で、随時立論されているのが現状である。（最近では前者を水平的分担、後者を垂直的分担と呼ぶことがある。）

　両方の機能（ないし役割）の趣旨は明確である。すなわち老後保障として、公的年金だけでは水準的に足りないとすれば、その「上乗せ」が必要である

---

1)　星野英一『民法概論Ⅲ（債権総論）』（良書普及会、1978年）はしがき3ページは、「要件の構成は効果のほうから規定される」とする。なお各制度の制度趣旨を重視する点も、星野英一が強調するところであった。

し、仕事による収入が途絶えてから公的年金の支給開始年齢までの間があいてしまうとすれば、その「つなぎ」が必要である。（ちなみに両方を組み合わせた設計として「ピストル型」という表現が以前はよく使われたが、最近はあまり聞かなくなった。）

ただ問題は、公私の役割分担論との関係で、私的年金はこの「上乗せ」と「つなぎ」のいずれの機能を中心的に担うべきかについて、意見が分かれる点である。

すなわち片や、終身年金でなければ老後の生活保障にならない——途中で年金給付が途切れてしまっては、年金としての意味合いに欠ける——ことから、生涯を通じての給付（「上乗せ」）にこそ意味があり、したがって税制優遇対象も終身年金設計に限るべきだというのは、十分成り立つ議論である。

他方、終身年金の提供は公的年金の本来的な役割だ、という主張も合理性を有している。つまり生涯を通じて年金が必要なのはすべての国民である以上、そこは公的年金が受け持つべき領域であり、私的年金はそれ以外の「つなぎ」をはじめとする多様なニーズに応えるために位置づけられるべきだ、という議論である[2]。

したがって、いずれの機能を重視する所説とも十分成り立ち得るのであり、少なくとも片方の議論だけが正しくて、他方は間違いだという一方的な評価は、それ自体適切ではない。

すると、どのように考えるべきか。とくに今後、税制優遇を拡充するかどうかという意味では、公的年金の今後の改革方向と関連づけて議論すべきだろう。

## 2. 公的年金の改革方向との関係

いかなる私的年金に対して、税制優遇あるいはその拡充が必要とされ、正当化されるかに関して重要な鍵となるのは、公的年金が今後、どのような方向で

---

2）「つなぎ」機能については、期間を区切った原資保証型の確定年金によって担われるのが普通なので、それは結果的に「つなぎ」以外の多様な役割——たとえば住宅資金（住宅ローンの返済も含め）、教育資金への充当等——も果たすことが可能になる。

制度改正されるかである。すなわち問題はその縮小・縮減の具体的な内容であり、以下のように分けて考えるべきだろう。

(1) 支給水準──上乗せ機能との関係で

　第1に、公的年金の支給水準が、現役期と比べた所得代替率という点で全般的・長期的には現在より低下していくのはほぼ不可避であろう。とくにマクロ経済スライドの影響は大きいものと思われる。

　したがって給付全般に関して、それを「補完」する必要性が大きくなることも避けられないというべきであろう。そのことが望ましいかといえば議論を要するが、老後保障を公的年金のみで十全に行うことは、いつの時代でも難しいわけだし、そもそも老後に必要な額は、人によって（たとえば財産・資産の保有状態や、就労状況、健康状態、家族構成等々によって）も異なる。一般論としても、公的年金の支給額で「ちょうど足りた」ということは考えづらい。今後、公的年金の役割が限定的になる傾向がほぼ確実に予測されるとすれば、それへの対応は必要であろう。

　もちろん通常の貯蓄や、原資保証型の年金によっても、ある程度はそのバッファーの役割は果たせるが、高齢期がきわめて長い期間にわたる可能性が大きくなっているなかでは、それらだけでは十分に役割を果たせなくなる可能性を無視できない。[3]

　したがって、私的年金のいわゆる「上乗せ」機能を重視して、高齢期全般かつ生涯にわたっての年金給付（つまり端的には終身年金）について、私的年金が役割を担うための環境整備を行う必要性は増しているというべきだろう。

　この点について、私的年金によって終身にわたって給付することがさまざまな困難を伴うことから[4]、私的年金はむしろ「つなぎ」機能に徹して、終身にわ

---

3) この点は第7章で改めて取り上げる。なおここで「上乗せ」としているのは、あくまで「上乗せ」か「つなぎ」かという文脈のなかでの表現であり、そもそも私的年金による「上乗せ」という表現が適切かといえば、やや疑問がある。第5章（第4節）でも述べたように、公的年金が「必要最低限」で、私的年金が余裕のある場合の上乗せ、という形とは異なる役割分担もあり得るからである。

たる保障は公的年金の固有の役割と位置づけるべきだという考え方もあり、それは十分に成り立つ議論ではある。しかし実際問題として公的年金が上記のような傾向を辿ることが予測されるにもかかわらず、終身年金の提供を公的年金固有の役割と位置づけて、私的年金の役割等をまったく否定することは、極言すれば「あるべき論」を翳すだけの無責任な議論ともなりかねない。あるいはそのように立論するのであれば、あわせて公的年金だけで将来的にも十分だといいきれるのか、ないしは公的年金をどのように仕立てれば、終身年金を公的年金のいわば排他的な管轄に委ねて差し支えないかを明示すべきであろう。

### (2) 支給開始年齢——つなぎ機能との関係で

　第2に、公的年金の支給開始年齢が引き上げられていくことが、これまた将来的な方向性としては強く推測される。現在、1階部分・2階部分ともに支給開始年齢を65歳に揃えていく途上にあるが、それをさらに引き上げる必要性はしばしば指摘されている。

　そこからすると、私的年金の「つなぎ」機能、すなわち公的年金の支給開始までの間の老後保障ニーズがより重要になってくることが考えられる。そこでこれに向けて、年金支払期間を区切った原資保証型の確定年金であれば、受託機関としても運営しやすいし、価格も抑えられるので、これを提供することは私的年金の重要な役割と位置づけやすい。事実、現在の個人年金保険では、支払期間10年の確定年金が主流である[5]。

　しかしながらこの点、公的年金の支給開始年齢引き上げにより、単に空隙が生じてしまうということでは必ずしもないだろう。支給開始年齢のさらなる引き上げの具体的な内容や手順については予断を許さないものの、一律・強制的に、経過措置なく支給開始年齢が引き上げられることはあり得ない。また公的年金には繰り上げ受給があることから、支給開始年齢まで「もたない」という事態がそれほど深刻化することはないとも考えられる[6]。さらに、もし定年年齢

---

4) 私的年金により終身年金を提供することの難しさについては、本章（第5節）で改めて取り上げる。
5) 販売面でもこれが前面に置かれている。第4章（註6）参照。

の引き上げをはじめとして高齢者の雇用環境が改善すれば、「つなぎ」機能だけが問題となるわけではないともいえる。

したがって「つなぎ」機能については、それが国民の幅広いニーズにこたえ得るという点はあるものの、現在よりもさらに優遇策を講じる優先度合が高いとまではいいづらいように思える。またこの「つなぎ」機能については、必ずしも私的年金でなければ担えないものでもないだろう。

もちろん老後貯蓄の全般的な奨励という意味では、「つなぎ」機能を担う確定年金等の私的年金は、正当に位置づけられるだろう。(確定拠出年金が注目されていることも、その意味で同様に位置づけることができる。)ただ第5章で述べた論拠との関係で、貯蓄性・資産蓄積性が高く、とくに「自助努力を行う余裕がある層」へのさらなる優遇になってしまうのではないか——しかも乏しい財源のなかで、「逆方向での所得再分配」になってしまうのではないか——という点が懸念されるところでもある。

加えて「つなぎ」機能を担う確定年金については、本当に的確な「つなぎ」の役割が果たせるのかという疑問がある。公的年金の改正動向に加えて、自身の就労状況等も確実には見通せないなかで、「何歳から何歳までのつなぎ」が必要になるかをあらかじめ想定するのは相当に困難であろう。確定年金の現在の加入者にしても、全員が「何歳から何歳まで」と明確に意識しているわけではなく、「年金なのだから、当然終身だろう」と思っているケースすら少なくないように思われる。

これらからすると、具体的な「つなぎ」の形を想定して、現役期から私的年金を積み立てていくというのは現実的にはなかなか困難であり、それを「今以上に」税制的に支援することの優先順位は、それほど高くないように思える。それは結局、一般的な老後貯蓄という枠内での議論になるのではなかろうか。[7]

---

6) 厚生労働省「厚生年金保険・国民年金事業の概況」によれば、国民年金(老齢年金)の新規裁定者の繰り上げ受給率は、2013(平成25)年度で14.4%である。ただしこの割合は低減傾向にある(なお繰り下げ受給率は1.4%)。

## 3. 小　　括

　以上からすると、公的年金の改革動向との関係では、私的年金の役割としては、今後はどちらかといえば「上乗せ」機能を重視する必要性が大きくなるのではないかと考えられる。いいかえれば税制優遇は、「上乗せ」領域に即して行う必要性がより大きくなるのではないか。

　加えてこの「上乗せ」機能の方が、前章（第4節）で述べたような税制優遇を認める論拠とも整合性はとりやすく、またやはり前章（第3節）で記したもろもろの懸念を払拭・クリアしやすい。トンチン型の終身年金の場合には、資産の蓄積という性格が薄いことから、「逆方向での所得再分配」になる（俗にいう金持ち優遇になる）懸念も少ないといえる。

　これに対して「つなぎ機能」を担う確定年金については、年金支払開始後に一時金での受け取り（年金の一括支払）も可能であり、貯蓄性・資産蓄積性が高く、税制優遇を認める際のもろもろの懸念をクリアしづらいように思える。（前述したように（確定拠出年金を含めて）老後貯蓄全般について、一定の支援ないし奨励の必要性があることを否定するものではないが、今以上に税制優遇を拡充することの優先度合がとくに高いといえるかは疑問がある。）

　このように、公的年金の改革動向との関係、また税制優遇（とりわけその拡充）を認める論拠との関係では、「上乗せ」機能、すなわち終身年金の設計にウェイトをおくことが指し示される。したがって税制優遇の要件として、終身年金設計を重視するという方向性は、ここまでの検討からは基本的には是認できるものだといえる。

　いずれにせよ公的年金の改革方向との関係を議論するのであれば、一般的に公的年金が縮減傾向にあるというだけではなく、より具体的に関連づけて検討していくことが求められよう。

---

7）　老後貯蓄全般を支援する必要がないというわけではなく、たとえば原資保証型の確定年金は、貯蓄性は高いものの、「出し入れ自由」の通常の貯蓄とは異なり、とりわけ払い込みや引き出し要件との関係で、一定の税制優遇を行うことには合理性がある。そこでは制度間で公平性を確保することも重要な課題であり、それが近時の議論の主流でもあろう。第4章（第5節）、第5章（第5節および註36）もあわせて参照。

ただし以上の点を前提としても、税制優遇の要件として、たとえば「終身年金に限る」とするだけでは、議論が若干精細さを欠くように思う。この点を次に扱う。

## 第3節　税制優遇の対象(2)——具体的要件の設計

### 1. 問題の所在

前節で述べたように、税制優遇の要件として、仮に終身年金を基本に据えたとしても——あるいはそうではなくても——、実際の要件の設計に際しては、もう少し細かく検討すべき点がある。これらは実務的な内容ともいえるのだが、実際の契約運営や加入動向には大きく影響してくるものであり、またそもそもの考え方が再度問われるものでもある。

その意味で前述したように、税制優遇の要件についての議論は、「終身年金に限るかどうか」だけには尽きないのであり、その具体的な内容は多岐にわたるものの、以下ではポイントを絞って述べてみたい。

すなわちひとつには終身年金に付けられる保証期間の扱いがあり、あるいは年金原資のどの部分が（トンチン型の）終身年金に向けられる必要があるか（逆にどの程度は一時金で引き出すことを認めるか）ということであり、またそれ以外に、払い込み期間や年金支払時期、また途中での引き出しについての要件などがある。

### 2. 終身年金と保証期間、年金原資への規制

税制優遇の要件論は、「終身年金かどうか」という二分法で必ずしも割り切れるものではない。それは終身年金の定義にかかわる問題でもある。具体的には、たとえば「終身年金であること」を税制優遇の要件とする場合、これに保証期間を付けることを容認するかどうか、あるいは年金原資の全額を（トンチン型の）終身年金に向けることを求めるかどうか（逆に一時金で引き出すことを認めるかどうか）、が大きな分水嶺となろう。

現在のところ日本の個人年金保険における終身年金には、一定の保証期間が

付けられるのが一般的である。しかしこの保証期間部分は、原資保証型としての性格を有し、実質的には貯蓄性が高いことから、前述してきたような老後保障に向けた税制優遇を認める論拠・制度趣旨を徹底するなら、たとえば保証期間を一切容認せずに、純粋なトンチン型の終身年金のみを税制優遇の対象とするという選択肢はあり得る。いいかえれば年金原資の全額をトンチン型の終身年金に向けることを求める（一時金で引き出すことは一切認めない）ということである。

　少なくとも無制限に、一部分でも終身年金があれば税制優遇の対象とするということでは、たとえば低額の終身年金と、高額の確定年金や長期間の保証期間とを組み合わせるような設計、あるいは年金原資のうちのごく一部だけを終身年金に向けるような設計なども認められることになる。これらを許容すれば、実質的に貯蓄的な部分、一時金で引き出すことが可能な部分が大きくなり、効率的な老後保障（最小の拠出によって、過不足なく長生きリスクに備える）とは方向性を異にするとともに、これに税制優遇も付与することで、結果的に「逆方向での所得再分配」となる懸念がある。（現行制度のままで税制優遇の限度額等を拡充することについても、同様の懸念があろう。）

　しかし第4章でも述べたような日本人の「年金原資の没収、掛金の元本割れ」のリスクへの忌避感からすると、純粋なトンチン型の終身年金のみを税制優遇の対象とするというのは、かなり厳しい要件といわざるを得ない。それはたとえば年金支払開始後にすぐに死亡した場合、一切の支払も払い戻しもないことに耐えられるかということでもあり、せめて遺族に何らかの払戻しはないのか、との苦情や批判は当然出るだろう[8]。また何歳まで生きれば、元が取れるのかという「損得ライン」も強く意識されることになり、いわゆる逆選択問題もここに至って全面的に現実化する可能性がある。

---

8) 生命保険契約をめぐっては、解約した際の返戻金のあり方が消費者保護の観点から過去にしばしば問題とされてきている。

**《折衷的設計とその問題点》**

　そこで折衷的に、年金原資の全部ではなく、一定割合（たとえば50%）以上をトンチン型の終身年金に向けることを求めるという要件の設定はあり得る。厚生年金基金の加算部分では、実際にそのような内容が設立認可基準取扱要領による要件となっていたこともあり、また諸外国の動向に徴しても、これは有力かつ現実的な選択肢となろう[9]。

　しかしここでは、なおその問題点を指摘しておきたい。すなわちひとつには、そのように年金原資のたとえば半分をトンチン型の終身年金に向ければいいということは、残り半分は一時金での引き出しも可能な貯蓄的な積立で構わないことを意味しており、それを含めて税制優遇することの是非である。現行制度でもそういう部分があるとはいえるものの、これを大幅に拡充して、たとえば毎月何万円という規模の実質的な貯蓄優遇を行うことが正当化されるだろうかという疑問がある。それは老後貯蓄という（いいかえれば積み上げ過程では引き出せないという）制約のみに、どこまで意義を見出せるかということでもあろう。とくにその半分の実質的に貯蓄的な部分への税制優遇を、乏しい財源のなかで、公的年金を縮減してまで行う意義があるといえるかどうか、年金ないし社会保障を論じる立場からは検証を要しよう。

　またたとえば年金原資の「半分以上が終身年金」という要件であっても、実際的には「ちょうど半分」が標準的な設計（デフォルトプラン）となりがちであり、そうなると税制メリットを得るためには、残り半分の貯蓄的な部分への拠出が求められることになる。すなわち年金原資の半分しか終身年金に回らないとすれば、年金額も低く抑えられてしまうし、あるいは同じ年金額で比べれば、保険料がその分高くなるので、余裕がない層には手が届きづらくなってしまう。それは効率的な老後保障（最小の拠出によって、過不足なく老後に備える）という要請からも離れてしまう[10]。

　他方、このような終身年金に魅力はあるだろうか。第4章で述べたように、

---

9)　すでに公務員年金（職域部分、年金払い退職給付）においても、制度改革によりそのような設計が取り入れられるに至っている。

年金額に対して、少なくとも確定年金に比べるとかなり価格が高くなる（保証期間の付かないトンチン型の終身年金よりも一層高くなる）ことに加えて、たとえ年金原資の半分にせよ、トンチン型の年金部分については死亡してしまえばまったく戻ってこない（「没収」される）というリスクが厳然としてあり、税制メリットによってもそれを完全に払拭するのは難しいかもしれない。したがって思ったほど折衷的な「いいとこどり」にはならない可能性もあろう。

付言すれば、保証期間を付することを認める場合と比べても、年金原資に対する規制（その一定割合以上を終身年金に向けることを求めて、逆に一定割合までは一時金での引き出しも認める）は、その内容によっては（とくに「半分以上」というレベルであれば、）大幅に貯蓄性・資産蓄積性を容認するものである点に注意を要する。[11]

---

10) もっとも年金原資の半分を一時金で受け取ったとしても、それを分割して生活費にあてることで、実質的には年金資金として利用することはあり得る。ただしその場合、「原資の枯渇」や、逆に不本意な「使い残し」（意図せざる遺産）の問題、いいかえれば過不足ない老後準備とならないという問題に戻ってくることになる。とくに（第7章でふれるように）後期高齢期の必要費用の増加は「原資の枯渇」の可能性に拍車をかけ、問題を深刻化することが考えられる。

11) たとえば60歳開始での10年保証期間付終身年金の価格は、10年確定年金の倍以上であることからすると（第4章（第4節および註12）を参照）、年金原資の50％を終身年金に向けるという要件は、（年金額を一定にすれば）10年より短い一定の保証期間を認めるのと実質的には近いものとも理解できる。

しかし一定の年金支払開始年齢で比較すると、年金額自体は大きく異なってくることがあり得る。つまり同じ（残り約半分の）年金原資をもとに、保証期間を付する場合には、保証期間終了後（たとえば70歳から）の（トンチン型の）終身年金を設計すればいいのに対して、年金原資への規制の場合には、もとの年金開始年齢（たとえば60歳）からの（トンチン型の）終身年金を設計するとすれば、70歳開始の場合の半分程度の年金額しか設定できないことが想定される。（第2章（第2節5.）で述べたように、保証期間付終身年金において、保証期間部分を一括して受け取ると、年金支払は保証期間終了後までは再開しないために、このような差が生じる。）

これらからすると、年金原資への規制（たとえば50％以上を終身年金に向けるという）は、保証期間を付することを認める場合と比べても、かなり大幅に貯蓄性、資産蓄積性を容認する帰結となり得る（いいかえれば生涯にわたっての年金給付という点では、実効性を損ねるおそれがある）点に留意を要する。

いずれにせよ税制優遇の対象とすべき私的年金を「終身年金に限るかどうか」というだけでは、（本書の問題意識からすれば）必ずしも検討を尽くしたことにならない点に注意すべきだろう。

《その他の設計可能性》
なお年金種類については、他にも多様なバリエーションがあり得る。
たとえば前述したように有期年金という種類があり、トンチン型スキームの活用という意味では重要である。またやはり前述したように、保険料の払い込み段階でトンチン性を組み込む設計も可能である。（逆に原資保証型でも支払期間を延ばすことで、終身に近い保障を提供する設計も可能である。）さらに年金支払開始時期に柔軟性を付与することなどにより、より多様な設計の可能性があろう。[12] ちなみに次節で述べるが、設計自体は変えずに、税制優遇の方法・手法で工夫を行う余地もある。

いずれにせよ税制優遇の制度趣旨・論拠を改めて見据えることで、より幅広い設計ないし要件設定を視野に入れることが可能になるものと考えられる。

## 3. 保険料の払い込み段階での要件

税制優遇の要件については、「終身年金に限るべきか」というように、もっぱら年金の受け取り段階（払い出し過程）に目が向けられがちであるが、本来的には保険料の払い込み段階（積み上げ過程）についても重要である。

この点、現行の個人年金保険料控除では、保険料払込期間が10年以上であること、また年金支払開始日が60歳以上であることを要件としている。

### (1) 払込期間の要件

このうち「保険料払込期間が10年以上」という要件については、早くからの積み立てを奨励するとともに、あとになってからの駆け込み的（機会主義的）

---

12) アメリカの近時の動向について、松岡博司「米国の長寿年金」『ニッセイ基礎研report』2013-10（2013年）6–11ページ。

な払い込みを抑制しているといえる。もっとも、なるべく多くの額の拠出を奨励する趣旨ならば、年金支払開始直前の（10年に満たない）短期間での拠出についても、控除額や控除への算入の限度額を設ければ、税制優遇するのが必ずしも不適切だということはないようにも思われる。あるいは単年度ではなく、生涯での所得控除への控除算入総額の限度を設けるのも一法だろう。[13]

しかし逆に、とにかく早い時期からの積み上げを奨励する——いいかえれば若年・中年層に注意喚起して「自助努力をはじめさせること」に重点を置く——とすれば、「10年以上の払込」という要件は安易に緩和すべきではないことになる。要するにこれも、税制優遇の制度趣旨ないし論拠をどこに求めるかという議論と重ね合わせて決められるべき事柄だといえる。

これに関連して、保険料の一時払を認めるか、という論点がある。とりわけ効率的な老後保障や、財産の費消を防ぐという観点からすれば、たとえば退職一時金によって一時払で終身年金を購入するという行動は推奨されるべきものといえ、いいかえれば現役期からの平準的な保険料の積み上げだけに税制優遇の対象を必ずしも限定しなくて構わないとも考えられる。（もっともこの場合は逆選択の抑制に配意する必要が生じよう。）

ただこれらの点は見方を変えれば、現行の商品のような年金支払開始時の年金種類決定（選択・変更）を引き続き認めるか、ということとも関連する。[14]

これを認めなければ、とくに税制優遇の対象となる年金種類が終身年金に限られている場合、そもそも加入時の逡巡が大きくなるだろうし、年金支払開始直前の解約も（それが認められれば）多くなるだろう。しかし逆に年金支払開始時の年金種類選択を引き続き認めると、年金支払開始時に年金種類を終身年金以外に変更することで、拠出時の税制メリットだけを享受するという機会主義

---

13) これらは技術的な困難を伴うし、機会主義的な行動（課税操作）も招きかねないが、たとえば税制優遇の拡充等が行われた場合、それ以降の段階での世代間の公平性の観点から、引退期までの期間があまりない年齢層に対して、急速に積み上げる機会を提供するのは不合理なことではないだろう。（もっともしばしば年金改正内容は、先行世代にとっては相対的には有利であることが多い。）

14) 第2章（第2節）および第4章（註4）を参照。

的行動——所得控除のいわば食い逃げ——が横行する懸念が大きい。

　その意味では前述したような、限られた範囲で保証期間を付けること、あるいは年金原資の一定割合を（トンチン型の）終身年金に向ければよいとすること（一定割合までは一時金での引き出しを認めること）などには相応の合理性があることになる。このような設計であれば、契約後に年金種類の変更等はできないこととされていても、ある程度の加入と契約継続は見込まれるだろう。あるいはこの場合、そもそも年金支払開始時の年金種類選択を認めない（そのような契約は保険料を税制優遇しない）のではなく、事後的に、トンチン型の終身年金を選択しない場合には税制優遇された分を返還させる（いわば遡って吐き出させる）という方法もあり得る。（やや技術的に困難を伴うかもしれないが、財形での取り扱いなどが参考になろう。）

　ただいずれにせよ前述したように、折衷的な設計を広く認めることで、制度趣旨を損ねたり、実質的な脱法、潜脱を許すことにならないように注意を要する。

(2)　**年金支払開始日の要件**

　他方、「年金支払開始日が60歳以上」という要件については、公的年金の支給開始年齢との関係が問題となるが、その点は前節で述べた「上乗せ」か「つなぎ」かという議論（私的年金に何を期待するのかという論点）との関係で決まってくる部分が大きいだろう。

　公的年金では、実際に繰り上げ受給が一定程度行われていることからすると[15]、早い時期からの受け取りニーズはあるというべきだが、しかし支払開始年齢を早く設定すると、とくに終身年金については（支払期間が長くなることから）価格に大きく反映する点にも注意を要する。

　また逆に、支払開始時期については、遅くするケースも今後は問題となり得よう。すなわちたとえば90歳から（さらには100歳から）というような、非常に遅い支払開始時期を認めるかという点である。（実際にたとえばドイツのリース

---

15)　註6参照。

ター年金では「遅くても85歳からの終身年金」という要件を設けている。）

　トンチン型の終身年金であれば、より遅い年齢での方が、よりトンチン効果は働くので、少ない保険料で効率的な老後準備は可能となる。しかしあまりにも支払開始時期が遅いと、それに達する前に死亡するケースや、支払が開始してもそれほど受け取れずに死亡するケースも多くなる。（これらについて、支払開始前の解約や一時金での引き出し等を認めると、「死にそうになったら、解約する」等の行動を引き起こし、保険数理が成り立たなくなる。）

　もちろんトンチン型の終身年金の趣旨に即して、「そもそもそういうものだ」と理解されていれば構わないともいえるが、しかしこれだと「長生きできた場合にもらえる宝くじ、ないしはご褒美」というイメージにもなり、それが長生きできなかった層の年金原資を「没収」して行われる点に、腑に落ちないものはあり得よう。加えて支払開始時期が非常に遅い場合、それまでの間に生活困難や、大きな医療や介護費用支出の必要性が生じることなども考えられる。（前述したように、解約や一時金での引き出しを認めるのは難しいし、公的年金のように繰り上げ支給という方法はあり得るが、その場合は公的年金よりも一層、機会主義的行動が予測されるため、かなり減額率を大きくする必要があるだろう。[16]）

## 4．途中での払い出し等

　この他に重要な税制優遇の要件としては、途中での払い出しや解約の取り扱い等があり、これを保険料の払い込み段階・年金の受け取り段階のそれぞれについて考えておく必要がある。これらは税制優遇の要件というよりは、契約後の処理・対応というべきだが、それをいわば先取りして要件に組み込んでおくべき事柄として位置づけられよう。

　一般的に、契約途中での解約や払い出し（年金の一括支払）をあまり寛大に認めると、保険料払い込み段階での税制メリット（所得控除）だけを享受するような機会主義的な行動（いわば食い逃げ）を容認することになってしまう。さら

---

[16]　関連していわゆる据置期間（保険料払い込みが終了して、年金受け取りが開始するまでの間）の扱いも実務上重要であるが、やや技術的なので本書では扱っていない。

にいえば最初からそのつもりで加入することとなっては、さすがに本末転倒である。現行制度では所得控除の限度額が低いこともあり、この辺の制約もやや緩いというべきであるが、税制優遇が拡充されれば問題が顕在化しよう。

### (1) 保険料の払い込み段階

保険料の払い込み段階においてあり得るのは、解約と保険料払い込みの中止・中断である。

このうち解約については、公的年金ではあり得ないものの、現行の個人年金保険では契約者は年金支払開始前にはいつでも解約権を行使して、解約払戻金を受け取ることができる。また保険料の払い込みが一定期間なければ、契約は効力を失う。(解約払戻金があれば支払われる。)

仮に税制優遇が拡充された場合、引き続き、自在に解約や払い込み中止を認めたほうが「国民のニーズ」には合致して、ひるがえって加入しやすくなるとはいえる。硬直的に扱えば、かえって不規則な事態——たとえば将来の受給権を担保に別途借り入れを行うというような——を招きかねない。

しかし保険料払い込み段階で、所得控除という税制メリットを得ていることからすると、自由な解約を認める（とくにそれで払戻金等を受け取る）というのは問題がある。ただ、私的な契約で（保険料払い込み段階で）解約を認めないというのがもし法技術的に困難であれば、解約払戻金への課税強化により、拠出時の税制メリットをいわば吐き出させるような税制的な措置が考えられよう。（もっとも課税措置にかかわらず、解約控除により加入者としては「損になる」ことが多いと思われる。）

なおいずれにせよ、保険料の払い込み段階での死亡時には、そのときまでの保険料積立金（あるいは責任準備金）ないしは保険料相当額を払い戻すことは認められよう。それも認めないという設計もあり得るが（フル・トンチンタイプといわれることがある）、年金支払開始前に死亡したらそれまでの保険料が「まったくの掛け捨て」になってしまうというのは、理解・納得されづらいだろうし、少なくとも加入時に大きな逡巡を与えることになるだろう。

他方、契約途中での払い込み中止・中断の取り扱いについては、現行の個人

年金保険のように契約を消滅させる方向と、公的年金のように年金額を減らす方向と、いずれが望ましいかということになる。少しでも私的年金による保障を残すべきだとすると、なるべく契約を継続させる方がいいのだろうが、あまり積立金が小額では、契約維持のための事務コストばかりがかかってしまう。またひとたび契約すれば、以後は保険料の払い込みの中止や中断が自由にできるとなると、それは解約と同様に、所得控除の機会主義的な利用を容認することにもつながってしまう。[17]

なお同様に、契約途中の増減額をどこまで認めるかも実務的には重要であり、その可否によっては実質的に契約時の諸要件の潜脱も可能になる。とくに拠出時の税制メリットだけを享受するという機会主義的な行動は望ましくないという観点からは、減額の方は認めづらいだろうし、もし現行の「払い込み期間10年以上」という要件の実質的な意味合いを重視するとすれば、増額も容易に認めるべきではないといえる。要するに基本的には当初の契約内容を維持すべきで、途中での契約内容の変更については慎重に扱う必要があるということになる。（もっともこれらの点については、すでに述べたように別の考え方もあり得るし、一般論としても、長期の契約なので、以後の生活状況の変化に機動的に対応できた方がいいとの見方も十分あり得よう。）

### (2) 年金の受け取り段階

これに対して、年金の受け取り段階においては、それがトンチン型の年金である場合は、解約も払い出し（年金の一括支払）も基本的には認められない。これを認めると、「死にそうになったら引き出す」ことになり、保険数理が成り立たなくなるからである。（いわゆる逆選択ないし機会主義的行動の抑制の一環といえる。）

ただ設計によっては、解約や払い出し（年金の一括支払）を全面的に禁止するのではなく、とくに死亡した場合については、積立金の一部が返還される形の

---

17) 具体的には「とりあえず多めに加入しておく」という行動を誘発する可能性がある。もっとも「自助努力をとにかくはじめてもらう」という意味では、それ自体は望ましいという見方もあり得よう。

設計も不可能ではないように思われる。つまりトンチン型の年金では通常、死亡により、以後の年金支払は止まり、年金原資の残額が「没収」されることになるが、そこを多少なりとも緩和する余地がないわけではない。たとえば解約払戻金と同様に、一定の控除等を行って支払うように設計することは不可能ではないはずだし、あるいは年金原資から一定の保険料を確保して、死亡保障にあてておくことも考えられる。[18]

　他方、トンチン型の年金ではない（つまり原資保証型の年金である）場合には、年金原資が確定していることから、それをどのように引き出すことも可能であり、また死亡した場合は、その時点での年金原資の残額が遺族に支払われる。しかし逆にこの点も、設計によっては少なくとも途中での引き出し（年金の一括支払）を制限することは可能であろう。（たとえば契約内容として、いわゆる期限の利益を約定することで、引き出しを制限することは法的には可能なはずである。）そのことを通じて、通常の貯蓄とは異なる（老後保障に資する）性格を強めることで――いいかえれば通常の貯蓄との距離を確保して――、ひるがえって一定の税制優遇の拡充を論拠づけることは可能であるように思われる。

　いずれにせよこれらの細かな取り扱いについても、その運用によっては実質的に契約時の基本的な要件を改変することにつながるので、慎重に設計を考える必要がある。なおこれらの場合、年金種類の選択と同様に、そもそもこれらの取り扱いを認めない（したがってそのような契約は保険料を税制優遇しない）ことも可能だが、逆に事後的に、一定の場合には税制優遇された分を返還させる（いわば遡って吐き出させる）という方法もあり得る。

## 5. 小　括

　ここまでの検討を踏まえると、以下の点を指摘できる。

　第1に、とにかく私的年金を普及させることに主たる目的があれば、もろもろの要件は多少なりとも緩めた方がいい。たとえば保険料払い込み中止・中断

---

[18] もっともそれは実質的には個人年金保険と死亡保険をセットにすることになるし、さらに結果的には一定の保証期間を付ける、あるいは確定年金とセットにするのと同様の効果を持つことになるので、そもそもの制度趣旨との関係では議論を要しよう。

や途中引き出し（年金の一括支払）も幅広く認めた方が、私的年金への加入や払い込みは促進されよう。要するに「出し入れ自由」の通常の貯蓄との距離を縮めていけば、普及には資するだろう。しかしこれらの要件については、税制優遇を認める、あるいはとくに拡充するそもそもの論拠と照らし合わせて、個々に慎重に検討していくべきであろう。

第2に、とくに終身年金について、どこまで原資保証型の要素を許容するかは考えどころである。とりわけ折衷的な対応——保証期間を付することや、年金原資の一定割合（たとえば50%）以上を終身年金に向ければいい（一定割合までは一時金で引き出せる）とすること——について、その得失を見定める必要がある。[19] すなわちもともと終身年金は価格が高いところ、年金原資のたとえば半分しか終身年金に向けられないことで、年金額は低くなってしまうし、さらに「没収」されるリスクを伴うことから、利用者にとっては価格の高さに見合った魅力は乏しくなる。他方で「貯蓄的な部分」が半分あることで、政策的にも効率性を損ねたり、「逆方向での所得再分配」になったりするおそれもある。これらから、折衷的な「いいとこどり」を狙ったものの、「悪いとこどり」になりかねない点には注意を要する。

第3に、上記とはまったく逆の観点ともいえるが、たとえば原資保証型とトンチン型の年金の峻別を若干緩和して、折衷的な設計をさぐる余地はあろう。すなわち「トンチン型の年金でも、死亡時に完全には年金原資を没収しない」とか、逆に「原資保証型の年金でも、年金原資（の残額）を自在に引き出すことは認めない」というような、中間的な設計の可能性である。いいかえれば通常の貯蓄との「距離のとり方」は、必ずしも一直線上の遠近のみではなく、いろいろ工夫の余地はあり得よう。

それらについては次節でさらに検討してみたい。

---

[19] もちろん普及の推進を最優先に考えれば、年金種類自体も終身年金に限定せず、また保証期間を付けることや、終身年金に向けるべき年金原資の割合（逆に一時金として引き出せる割合）等についても自由な設計を認めるのが望ましいことになる。

## 第4節　税制優遇の方法ないし手法

### 1. 問題の所在

　ここまで述べてきた内容がそのまま妥当するかどうかは別として、個人年金保険ないしは私的年金への税制優遇には一定の論拠があり、またその対象・要件が絞れたとして、そこで個人年金保険ないし私的年金に対して、どのような優遇方法ないし手法があり得るだろうか。[20]

　現在行われている個人年金保険料控除は、拠出段階において、保険料に対して所得控除を行うというものであり、そこでは控除に算入される保険料に一定の限度額が設けられており（新契約については8万円。ただしそれを超える拠出自体は可能である）、しかもその全額ではなく、保険料が高くなるにつれて「全額→1/2→1/4」というように、控除に算入される額が超過逓減になるように設計されている（新契約についての控除額の上限は4万円）。

　しかしこのような方法の意味合いや位置づけ（とりわけ控除への算入限度額や算入方法）については、現行制度に即して必ずしも明らかにされているわけでもなく、議論も乏しい。またこの他にも税制優遇の方法・手法はいろいろあり得る。それらは細かく議論すると限りないところがあるが、以下ではもろもろの設計可能性があることを、ポイントを絞ってみていきたい。

### 2. 優遇のタイミング

　税制優遇を行うタイミングとしては、現行の保険料払い込み段階（拠出時、いわゆる入口段階）に加えて、積み立て段階（そこでの収益の取り扱い）、また年金受け取り段階（給付時、いわゆる出口段階）がある。これらは年金税制にかかる議論において、拠出時課税、給付時課税等々という形でしばしば議論されるところである。

---

[20] ここでの議論は、任意加入で、水準も任意に選択するということを前提にしている。しかし公的な性格が強くなれば、「加入は任意だが、もし加入するなら、この内容で」と決め打ちにする形もあり得る。

ただ、個人年金保険の商品構造に即していえば、さらに細かくタイミングをみることが可能である。すなわち「① 保険料の払い込み段階 → ② 保険事故 → ③ 年金の受け取り段階」というプロセスに即して考えると、「② 保険事故」の前後には、積み上げた保険料を、年金払い出しのファンドに移し替えるタイミングがあると考えることができる。第2章や第4章で述べたように、現在の個人年金保険商品では、この年金支払開始時に支払期間の（かつては年金種類についても）最終的な決定（選択・変更）が可能となっている場合が多く、したがってこのタイミングでも、税制的な対応の可能性があることが分かる。

　より実際的には、税制優遇の対象として、もし終身年金設計を重視するのであれば、積み上げた保険料を、終身年金に投入することを最終的に判断した段階で、一定の優遇措置を講じることが考えられよう。（逆に最終的に、終身年金に投入しない場合には、事後的に税制優遇された分を返還させる（いわば遡って吐き出させる）という方法もあり得る。）あるいは別途貯めておいた資金等により、一挙に一時払で終身年金を購入するという場合でも、その時点で控除等の優遇措置を適用することは可能である。

　これらは保険料払い込み段階での奨励（現役期に自助努力をはじめさせること）に注目が集まっているなかでは、議論にもなりづらいのかもしれないが、もし最終的に「終身年金を利用してもらう」ことにこそ大きな意義があるとすれば、1つの政策選択肢として浮上するだろう。

　また保険料払い込み段階以外のタイミングでの税制優遇としては、年金受け取り段階で、その収入認定における所得控除という方法がある。現在では個人年金保険の給付は雑所得となっているが、公的年金や一定の企業年金等については「公的年金等控除」が適用され、税制要件を満たしていれば、一定の限度・算入方法により所得控除が適用されている。[21]

---

21) ただしこの「公的年金等控除」については批判が強い。たとえば鳴島安雄「年金制度の現状と今後の課税のあり方について」『税大ジャーナル』12号（2009年）82・84ページを参照。他方、一時金として引き出した場合を含めて、税法的には退職所得課税、一時所得課税、雑所得課税とのバランスも大きな問題となる。

## 3. 保険料の所得控除以外の税制優遇の方法

　より強力にインセンティブをかけるとすれば、保険料の所得控除以外の方法として、いくつかが考えられる。

　すなわちまず保険料払い込み段階での優遇に関しては、税額控除は保険料拠出にはなじまないと思われるが、より強いインセンティブとして考えられるのは、いわゆるマッチング拠出であろう。つまり保険料拠出にあわせて補助金的な金額を国などが積立金に付加するという手法である[22]。これは手法としては実際に確定拠出年金で行われており、またより広く社会保険における事業主拠出も同様のものとして位置づける余地があろう。

　もっともこの保険料へのマッチング拠出は、税制上の所得控除よりも、直接的・積極的な給付に近づくものであり、より強い政策的な合理性が求められよう。任意加入の制度にこれを導入すると、加入が可能だった（その余裕があった）ものだけが税制メリットを享受することになるからである。（定率的なマッチングであれば、その傾向がさらに強くなろう。）

　とくに社会保険でいえば、国民健康保険の給付費等への公費負担のように、所得が高くないグループへの財源投入は是認され得るとしても、ここではそうではなく、むしろ「自助努力を行う余裕がある層」という、いわば中間以上の所得層への財源投入である点に注意を要する。たとえば公的年金の保険料を払わずに、私的年金への税制メリットを享受するというケースがあっていいのか、というような議論が再燃する可能性もあろう。

　また前述したように、保険料払い込み段階以外のタイミングでの税制優遇としては、年金受け取り段階で、その収入認定における所得控除や、さらには税額控除やマッチング拠出という方法があり得る。ただしこのような年金受け取り段階での優遇は、契約への加入時点からみると、かなり遠い将来にかかる時点での優遇策なので、私的年金への加入を促す強力な効果は期待しづらい。過去には財形制度において「財形活用給付金・助成金制度」という例があった

---

[22] 倉本元・丸尾美奈子「日本版リースター年金の提言」『金融財政事情』65巻10号（2004年）38-42ページが、いくつかの前提のうえでこの方向を提言している。

が、長続きしなかった[23]。これは政策的にはむしろ多くを学ぶべき、重要な失敗例であるように思える。

しかし年金支払開始時に最終的に年金種類を決定（選択・変更）するような設計であれば、年金受け取り段階は「間近」であり、そこでたとえばトンチン型の終身年金であれば、給付が公的年金等控除の対象になるような税制措置がとられていれば、大きな誘因にはなるだろう。

## 4. 所得控除の方法──限度額と算入方法

仮に保険料の拠出段階での所得控除という方法によるとしても、改めて検討すべき論点がいくつかある。

すなわちひとつには控除の限度額の性格ないし位置づけと、それと連動してその具体的な水準である。また保険料をどのような方法で控除に算入するかという点と、その控除に算入される限度額を超えての拠出が可能かどうかも問題となる。

このうち控除の限度額（つねに関係団体等から引き上げ要望が出される）以外は取り上げられることも少ないが、重要であるので、これらに関してまず関連する他制度での扱いをみてみよう。

(ア) 社会保険料については、支払った全額が、そのまま所得控除される。その意味で、控除の限度額はないが、保険料は定められた額を支払うことしかできない。（つまり、基本的にそれ以上の額を支払う余地はない。）

(イ) 国民年金基金については、いくら掛金を支払うかは、加入するかどうかも含めて任意であり、その支払った額は、そのまま所得控除される。ただし制度としての拠出限度額があり（月額6万8000円）、これを超えて拠出することはできない。

確定拠出年金についても、ほぼ同様の仕組みになっており、加入者の種類によりそれぞれ拠出限度額が設けられている。（自営業者等については国民年金基金

---

[23] 一般財形貯蓄から払い出した金銭を特定の事由（育児・教育・介護等）のために必要な資金にあてた場合に、勤労者に対して一定の給付金を支払う事業主に対して、国が助成金を支給する制度であり、1997年から10年間行われた。

の掛金と通算され、また企業型については事業主の掛金と通算される。)

(ウ)　一般の生命保険料については、いくら保険料を支払うかは、加入するかどうかも含めてもちろん任意である。他方、その額は、一定限度まで、しかも超過逓減で所得控除に算入される。(契約日により4万円ないし5万円が控除限度となる。)しかし限度額を超えて拠出することは可能であり、むしろ通常は拠出額のうちで一部分だけが、所得控除に算入される形になっていることが多い。(なお確定給付の企業年金における従業員拠出については、生命保険料控除の対象となる。)

(エ)　なお財形年金においては、加入や拠出額は任意で、拠出についての所得控除等はないが、その利子の非課税限度が元本や元利合計額によって定められている。限度額を超えて積立を継続することはできるが、その場合は、課税扱いとなる。(なお目的外の払出しが行われた場合等には、5年間遡って課税される。[24])

これらの他の諸制度と照らし合わせると、以下の点が指摘できる。

すなわち当然のこととしてもいえるが、公的な性格が強いものでは、制度的に保険料の水準が決まっていたり、制度的な枠組みのなかで拠出限度額が決まっていて、それがそのまま全額所得控除になっている。

これに対して加入自体もその水準もまったく任意である一般の生命保険料については、控除額および控除算入の限度額は低く、その算入方法も超過逓減になっている。しかし控除算入の限度額を超えた保険料拠出も可能である。

保険料の所得控除による税制優遇といっても、この両者ではかなり異なる。そしてこの差は、いわば典型的な「公」と「私」の違いによるものであろう。

このなかで、確定拠出年金は中間的な位置にあり、加入自体やその水準についての任意性は強いものの、拠出限度は明確に定められていて(すなわちそれを超える拠出はできず)、拠出した額はそのまま全額が所得控除になる。

これに対して私的年金の場合、私的な契約である限り、加入自体もその水準も任意という前提はおそらく容易には変えられず、また(確定拠出年金のよう

---

24)　財形制度にかかわる税制は、途中引き出しの要件や遡及的な課税措置など、私的年金の取り扱いの参考になる部分が多いものと思われる。

第 6 章　個人年金保険／私的年金に対する税制優遇の要件と方法

に）控除算入の限度額を超えて拠出すること自体も禁止するのは通常は考えづらい[25]。そのなかで、前者の（公的な制度に近い）優遇パターンに近づける政策的な合理性を調達することはやや困難を伴う。

それでも税制優遇の制度趣旨・論拠を明確化することで、公的な制度に位置づけを近づける余地はあろう。

とくに各制度の限度額の性格については、再考の余地がある。現在は、幅広く機会を提供して、老後に向けた自助努力準備を奨励・支援するという趣旨が重視され、そこでは公平性・一律性の確保が課題となっている[26]。（それは貯蓄との距離が近くなれば、ますますそうなるだろう。）しかしそうではないような位置づけも可能だろう。つまり全員が利用することは想定せず、むしろ必要な一部の人が（あるいは極端にいえば例外的に）利用する性格のものだと位置づけられれば――また実際にそうなるのであれば――、その限度額は引き上げる余地があろうし[27]、逆にそのような場合には、貯蓄に近い制度と共通の枠として限度額を設けるのは妥当ではないということになるかもしれない。

また現行制度のとっている、超過逓減による控除への算入という方法は、多く拠出できる層が、拠出水準に比例して多くの税制メリットを受けることに歯止めをかけ、一定の公平性を担保するものだといえる。すなわち税制優遇を拡充するに際して依然そのような懸念があれば、この方法を維持することで、同様の趣旨を残す（公平性を確保する）こともできるだろう。したがってこのような超過逓減での算入という方法も、重要な設計の選択肢だといえる。しかし逆

---

25) 確定拠出年金では制度としての拠出限度額を明確に設けることで、かろうじて公的制度との近接性を保ち、全額所得控除を実現しているとみられなくもない。たとえば介護保険と医療保険では、保険外の給付を組み合わせることの意味合いが異なる（医療保険ではいわゆる混合診療が大きな問題となる）が、私的年金税制でもこの点が今のところ、1つの分岐点になっている可能性がある。
26) 第 4 章（第 5 節）および第 5 章（第 5 節および註36）を参照。
27) やや極端な例だが、たとえば所得税法上の雑損控除にしても、全員あるいは多くの人が災害や盗難等に遭って、これを利用することを想定しているわけではない。その意味で、その控除の限度額等についても、制度間の公平性が必ずしも問題になるわけではない。多くの社会保障（とくに年金以外）の給付にしても、個々の給付種類の内容や水準についてみれば、そのような側面があろう。

に、多くの拠出が確実に有利になるわけではない（リスクを伴うような）要件とするのであれば、そのまま全額を控除するという方法をとることにも一定の合理性があろう。

　具体的には、たとえば対象をトンチン型の終身年金に限れば、税制優遇の過剰な利用も抑制されて、その限りにおいて公的な制度と同様の優遇方法・手法を適用する余地も出てくるだろう。

　あるいは技術的に困難を伴うだろうが、保険料のうちで、トンチン型の年金に対応する部分についてだけ優遇する（所得控除に算入する）という方法も考えられる。ないしは年金原資の半分以上をトンチン型の終身年金に向けるという要件を前提に、控除算入の限度額は拡大しつつ、保険料の半額だけを所得控除に算入するという方法もあり得よう。

## 5. 小　括

　このように税制優遇の方法・手法は、現行の内容に限らず、かなり多岐にわたる。おそらくこれらのバリエーションがあるという点を意識しておくこと自体が重要であろう。そしてそのなかでは税制優遇が認められる論拠・制度趣旨と照らし合わせながら、幅広い選択肢のなかから税制優遇の方法や手法の設計を考えていくべきだといえる。

## 第5節　実務的な諸問題

### 1. 問題の所在

　以上のような議論を経て、仮に一定の税制優遇の方向性が打ち出されたとしても、その実現に向けては多くの実務的な課題がある。これらがクリアされないと、政策は実現には至らないし、あるいは無理に実施しても定着・普及せずに終わりかねないことから、実務的な課題に目を向けておくことも重要である。

　具体的には、受託機関（保険会社等）にかかる問題があり、また政府の税制との関係があり、さらに公的年金との関係があるが、これらはいずれも結局の

ところは個人年金保険等を引き受ける受託機関の対応にかかる問題ともいえる。次節でも述べるが、個人年金保険ないし私的年金にかかる政策においては、その実現に際して受託機関が介在している点が大きな特徴であり、そこに実務的な問題も集中するのである。

そこで以下ではもろもろの問題点を、ポイントを絞って列挙しておきたい。政策論においては多くの場合、課題の列挙は容易でも、そのうち1つなりとも実際に課題を解決するのは困難である。その意味で課題の列挙だけでは意味に乏しいのだが、ただ本書としては、やや安直に「自助努力支援のための税制優遇」が称揚されることへの留保という趣旨からも、諸課題が決して少なくないことを指摘しておくものであり、逆にもし税制優遇の論拠や制度趣旨が明確にされれば、そのなかで諸課題に対する一定の解決の途は探れるものと考えている。

もっとも実務に立ち入っての検討は、かなり技術的な内容とならざるを得ず、とりわけ受託機関の内部的な事情にかかわる――いいかえれば外からではみえない・分からない――部分も大きいのだが、ここではせめてその糸口だけでも示したい。

## 2. 受託機関（保険会社）側の事情

年金資金については、その獲得を目指して金融機関が競い合っているイメージがあり、私的年金への税制優遇が拡充されれば、実際にその獲得競争が激化するものと思われるが、他方でとりわけ終身年金の引き受けをめぐっては、受託機関にとっては運営面で課題山積に近い。（だからこそ第2章（第2節）で述べたように、現在では多くの保険会社は終身年金の引き受けに消極的なスタンスに傾いているものと考えられる。）実務的な問題の詳細は記述しきれないが[28]、ここではとくに終身年金の引き受けをめぐる重要な課題を挙げてみたい。

---

28) とくに数理面の詳細等につき、猪ノ口勝徳「長寿リスクへの対応について」『共済総合研究』69号（2014年）8-33ページ。

《生存確認と資産運用》

　第1に、事務コストの問題であり、これはとくに年金の払い出し過程で問題となる。とりわけ終身年金となると、きわめて長期にわたって支払が継続し、その間、生存確認を要することになる。

　この点では公的年金に関して、受給者が死亡した後に遺族が本人の年金を受け取り続ける例が発覚して、社会的にも問題になった（2010年）。現在の個人年金保険では支払は年1回なので、公的年金（年6回の支払）と比べると事務負荷は小さいものの、過誤払いがあると1回でもその額が大きいので深刻な問題になる。

　受託機関（保険会社）にとって、受給者が「本当に生きているか」を確認するのはなかなか困難である。この事務負荷に見合うように、付加保険料を多く徴収することも考えられるが、それは後述するように実質的な利回りを低下させる。

　第2に、資産運用の問題である。これは保険料の積み上げ過程でも、年金の払い出し過程でもつねに問題とはなるが、そもそも低金利により運用環境が厳しいなかで（バブル崩壊以降のいわゆる予定利率問題は、保険会社の経営に深刻な打撃を与えた）、とくに終身年金ともなれば、年金支払開始後にもきわめて長期にわたって確実な運用を続けなければならない。すなわちいわゆるローリスク・ローリターンの（安全性を重視した）運用とせざるを得ないが、そのなかでは第1の点で述べた事務費を捻出するのも困難であり、積立金から多くの事務費を徴収すれば、積立金が目減りしかねない。[29]

　この第1と第2の点があいまって、受託機関としての収支を安定させようとすれば、契約者にとっての実質的な利回りが低下して魅力を損ねるというジレンマを招くことになる。

　ちなみに保険会社が受給者の積立金から徴収する手数料と、積立金に対して付される保証利率（予定利率）とは、ほぼ同水準（1％前後）であることが多い

---

29) 合同運用ではあるが、少なくともその契約部分だけ取り出してみると、受給権が確定しているなかで、払い出しながら（つまり年金原資が刻々減少しながら）の運用となる。

と推測され、もしそうだとすると保証利率（予定利率）により積立金が増えた分、ちょうど事務費で徴収されるようなイメージになり、いいかえれば預けておいても増えないタンス預金のようなものに近づくことになる[31]。

したがって保険会社にとっても、この手数料で実際にかかる事務費をまかなえないとその商品の経理としては損失になるし、他方これ以上事務費にかかる手数料を引き上げると、契約者にとっては年金原資がむしろ目減りしていくだけになってしまうおそれがあり[32]、年金の一括支払により（一時金として）引き出してしまった方が税制上も有利だということにもなりかねない。

### 《寿命の伸長》

第3に、死亡率の問題である。契約者・受給者の寿命が伸びれば、終身年金では1人への支払総額がかさんでくる[33]。もちろん前述したように、支払われる年金は、合同運用されている保険資産全体から捻出されるので、支払不能ということにはならないにせよ、商品としての収支が悪くなれば、資産全体へのマイナスの影響を無視できない。低金利のなかでは、実際の年金支払期月までの間に運用により積立金を増やしてキャッチアップするというのも容易ではない。

もっとも近時、保険会社では（契約締結時ではなく）年金支払開始時における生存率を利用して年金額を計算することとしている場合が多い（第2章（第2節）参照）。この仕組みにより、とくに契約締結時から年金支払開始時までの間の寿命の伸びについては、保険会社としてはリスク回避することができる。た

---

30) 変額年金など金融性の強い商品については、手数料水準の一部が開示されており、平成26年版の『年金商品のすべて』（新日本保険新聞社）にも記載されている。
31) もっとも受け取れる年金総額は生存期間によって決まるので、利用者側からすると、純粋にトンチン効果の意義や得失が問題になってくるともいえる。
32) たとえば個人型の確定拠出年金において、問題が一部すでに顕在化している。寺本琢哉「個人型確定拠出年金の現状と課題」『みずほ年金レポート』108号（2013年）68-81ページ。
33) 明田裕「終身年金の憂鬱」『ニッセイ基礎研REPORT』2011-11（2010年）38-39ページは、公的年金の支給開始年齢の引き上げを、平均寿命の伸びのスピードが上回っていることを指摘している。

だしその場合、年金支払開始時までは毎回の年金額が定まらないこととなり、変額年金などと同じような意味で、老後の生活設計に際して不安定な要素を契約者側にいわば抱え込ませることになる。

また年金支払開始後にさらに寿命が伸びた場合には、保険会社側の損失になる。そこであらかじめ、さらにその分の安全率（バッファー）を見込んで年金額・保険料を計算することも可能だが（このとき実際には剰余を生じた場合には、事後的に契約者配当金で調整することになろう）、そうするとますます当初の価格設定は高くなり、利用者にとっての魅力が損なわれるというジレンマが生じよう。

### 《その他の諸問題》

これ以外にも実務的な課題は少なくない。たとえば第4に、いわゆる逆選択の問題がある。これについては第2章・第4章でも述べたように、現在のところ、それほど実際的な問題となっているとは思われないが、今後、たとえば年金支払開始時の年金種類の選択が引き続き可能な形で、税制優遇が拡充された場合には、問題が顕在化する可能性があろう。現役期に契約を締結する時点では「自分が長生きするかどうか」はなかなか分からないと思われるが、年金支払開始時であれば、少なくとも重篤な疾病を抱える場合などには終身年金を選択しないことが多くなると考えられるからである。

また第5に、トンチン型の終身年金の普及が進んでいけば、年金支払開始後には解約できないこと、また死亡した場合には年金原資が「没収」され、場合により「元本割れ」になること等についての消費者苦情が、多く寄せられるようになる懸念がある。この点は現在でも同じなのだが（解約についての苦情は生命保険全般に関してかねてより多い）、仮に税制優遇が拡充された場合、いわゆる投資型の金融商品と同様に、販売のあり方とあわせて問題が顕在化する可能性が小さくない。

そして第6に、これらとはまったく別の観点であるが、個人年金保険や一般的に長期保険については、かつて（高度成長期以降）は長らくインフレへの対応がむしろ大きな課題となってきた。すなわち保険給付の実質的な価値が、イン

フレのなかでは目減りしてしまうという問題である。そのため契約者配当金による調整などで対処されてきたが、低金利下ではこの問題は正面に出なくなっている。

しかしここで新たに多くの契約が締結されて、今後長期にわたって契約が継続することとなれば、インフレを含めて現時点では予測が難しいようなさまざまな経済環境の変化があり得よう。

## 3. 税制との関係、既存の契約との調整

仮に税制優遇が拡充されるとしたら、その実施にあたっては、既存の諸契約との関係が問題となる。この種の諸調整は、制度改正にあたってはもっとも厄介な点の1つであるが、ここではやはりポイントを絞って箇条的に課題を列挙するにとどめたい。

第1に、保険会社の個人年金保険だけでも約2000万件の既存の契約があり、もし税制内容が変更されるとすれば、これらに対しても新しい優遇税制が適用されるのかどうかが問題となる。もし新たに「自助努力をはじめてもらう」ことに重点を置くならば、新規の契約にのみ優遇税制を適用すれば足りるはずである。既存の契約にまで新しい優遇税制を適用することになれば、税収面でも負担になるし、既存の契約者にとってはいわば「たなぼた」ともいえる。しかし既存の契約には一切適用せず、新規の契約にのみ新たな優遇税制を適用するというのは、逆に公平性に欠くとの感も強い。（新しい税制になってから加入すればよかったということにもなる。[34]）

また既存の契約にも新しい税制を適用する場合、既存の契約のうちで、税制優遇の諸要件に「少しだけ合致しない」というようなケースも考えられる。このとき税制改正にあわせて、既存の契約について、契約内容の変更を認めるかどうかも論点となろう。

第2に、政策的な要素とも関係する論点であるが、いつ頃のどのような自助努力を奨励・支援するのかという「目標感」の問題がある。いいかえればいつ

---

34) もっともこの点は、公的年金の改正動向とも関係しよう。註13参照。

の時点までに、どのくらいの利用者数や積立金額を目指すのかということである。

とくに幅広く国民に対して、老後に向けた準備を奨励するという制度趣旨であれば、たとえば「私的年金にできるだけ加入・拠出してもらう」というようなスローガン的な目標だけでは、政策的には意味に乏しいだろう。そのような抽象的な目標では、実施後に一定の政策目的を達成したかどうかの評価も困難である。もちろん「せめて今より事態を改善させる」という形での政策目標もあり得るが、およそ政策として、財政的な支出（ここでは税収減）も伴う以上、費用対効果の視点も求められるはずである。より具体的には、公的年金の改正スケジュールとの関係で、私的年金に関する目標感が検討されなければならないだろう[35]。

第3に、やはり長期的な契約となれば、逆にそのような優遇税制が将来にわたって継続されるかどうかは問題となり得よう。いいかえれば政府として、優遇税制の（不利益的な）不変更を保証できるかという問題である。一般論としては、税制が変更されるとしても、既存の契約まで不利益にならないように配慮すべきだとはいえるかもしれないが、私的年金のようにきわめて長期にわたる契約に関して、契約が終了するまで一定の税制措置を確実に維持できるかといえば、難しいものがあろう[36]。とくに終身年金であれば、加入から通算すれば70年くらい契約が継続することがあるわけで、たとえば現在が「戦後70年」であることに鑑みて、その長期性に思いを致すべきであろう。

---

[35] 団塊世代が後期高齢者になる2025年は目前であるし、高齢者人口（実数）のピークといわれる2042年までも、すでに30年を切っている。それはたとえば基礎年金のフルペンションに要する期間（老後の十分な準備に要する期間ともいえよう）には大きく足りない点に留意を要する。

　もっとも本書では、必ずしも私的年金を幅広く普及させて、できれば全員が私的年金を利用することが望ましいとの立場はとっていない。

[36] 個人年金保険料控除についても、2010（平成22）年の税制改正により、2012（平成24）年以降の新契約については控除額限度が年間4万円となったが、それ以前の契約についての控除額限度は改正前の年間5万円が維持されている。

## 4. 公的年金との関係、調整

　税制優遇が拡充される場合、上記とあわせて、公的年金の給付との整合性の問題が注目されてくる可能性がある。すなわち公的年金では終身年金が基本となっているので、私的年金においても終身年金が普及してくれば、その間での異同について意識される場面が増えてくるものと思われる。

　とくに公私の年金のうちで、一方では支払われるが、他方では支払われないという場合に、その合理的な説明が求められる場面が多くなるだろう。たとえばすでに述べたように、年金の支払回数が大きく異なることから、そのいわば端数の問題はクローズアップされてくるものと思われる。（支払タイミングと先払い・後払いの違いもあり、最大で約1年分の差が生じ得る。）あわせてその財産的な性格という意味では、いわゆる未支給年金・未請求年金の問題が注目されてくるのではなかろうか。[37]

　なおこの点に関連して、私的年金で終身年金を扱う場合、その支払のデータを公的年金、あるいは公的なデータベースと連動させることも考えられる。これが可能になり、私的年金と公的年金の支払事務を一元化できれば、支払の平仄を合わせることができるし、前述した支払にかかる事務費の問題（とりわけ生存確認のコスト）も軽減できることから、かねてよりアイディアとして提起されることがある。ただ、守秘義務にかかる固有の問題が発生するため、実現には困難を伴うだろう。[38]


## 5. 小　　括

　このようにとくに年金の払い出し過程には、受託機関にかかる実務的な論点が集中している感がある。

---

[37]　長沼建一郎「未支給年金と失踪宣告」『賃金と社会保障』1593号（2013年）12-26ページをあわせて参照。

[38]　とくにデータの共有を可能とする場合、民間の保険会社等で、公務員と同様の守秘義務を負えるのかという問題がある。厚生年金基金の例もあり、不可能とはいいきれないが、たとえば法違反に対しては刑事責任が追及されることがあるし、退職後も守秘義務が継続することから、これらを保険会社のすべての職員に広く適用するのは無理があるように思える。

「年金」なのだから、年金を払い出す過程に論点が集まるのは当然とも思われる。たとえば「公的年金は長生きリスクへの対応装置である」という、もっぱら年金の受け取り段階に注目した「定義」がされることが多いのも、その1つの反映ともいえる。

　しかし金融機関では、むしろ保険料の積み上げ過程に——いいかえれば資金を集めることに——関心が集中しがちで、もっぱらそのために税制優遇の拡充やその要件の緩和が主張されることがあり、そのような「関心の偏り方」についても注意を払う必要があろう。

　政策的にも、老後に向けて「自助努力を奨励し、支援する」ための税制優遇という側面に重点が置かれがちである。そのように、仮に受託機関の思惑、政府の思惑が積み上げ過程に集中していたとしても、年金あるいは社会保障を論じる立場からは、実際の終身年金の支払が適切に行われるかという実務的な観点を閑却するべきではないだろう。

## 第6節　私的年金にかかる政策の特徴——まとめに代えて

　私的年金にかかる政策のあり方を考える場合、公的年金と比べて、その実現プロセスに大きな特徴があることを意識する必要がある。それは政策がその対象に到達するまでの間に2つのプレーヤーが介在するという点であり、そのため政策の効果が間接的にしか及ばないということである。

　公的年金の場合、法令等を変えれば、その内容は直接的（自動的・強制的）に被保険者や受給権者等に及ぶことになる。たとえば受給額や保険料、支給開始年齢等を変えれば、それは基本的に「そのまま」実現される。あるいは繰り上げ・繰り下げ支給や在職老齢年金などは、被保険者や受給権者の行動によって政策効果が変わってくるが、それらも含めて、まだしも直接的に国民に働きかけることが可能である。

　これに対して私的年金においては、税制などの法令が整備されて、政府が号令をかけても、受託機関（保険会社等）と、国民という2つのプレーヤーが介在することから、政策効果がダイレクトには発揮されない。

第6章　個人年金保険/私的年金に対する税制優遇の要件と方法

　まず受託機関については、それ自体、一定の経済合理性のもとで経営されており、会社間や業態間での競争等もあって、その自主的、戦略的な経営判断が介在することから、政策の「効き方」は複雑にならざるを得ない。

　またもう1つのプレーヤーである国民についても、そもそも私的年金を利用するか、また利用するとしてもその加入額等については、基本的に任意であり、自主的・自立的な判断が介在する。その判断には、個々人の有する諸事情、またリスク性向に加えて、国民性も背景的に影響を与えることがあろう。

　さらにその国民に対して、情報を伝えたり、商品を説明・販売したりする役割を直接的に担うのは、政府ではなく、保険会社等の受託機関である。

　公的年金にかかる政策では、少なくともその給付自体に関してそのような別途のプレーヤーが介在する要素はほとんどないのであり、私的年金にかかる政策を、そのような（公的）年金政策の一環として、いいかえれば独立的な判断を行う供給主体や国民が介在することを深く顧慮せずに進めようとすると、所期の政策効果が思うように発揮されないことが十分あり得よう[39]。

　このように個人年金保険等の私的年金については、年金政策のなかでも、公的年金とはかなり異なる角度からの検討を要する領域だといえる。

　公的年金については、制度が過去から幾多の改正を積み重ねられていることから、その政策論は「白いキャンバスに絵を描く」ように語るわけにはいかない、と指摘されることがある。その意味では私的年金については、このことに加えて政策の実現プロセスに2つのプレーヤーが介在することで、ますます「白いキャンバスに絵を描く」だけでは意味のある政策論にならない可能性が大きい。政策論を語るには、きわめて厄介な領域だといわざるを得ないだろう。

---

39)　その意味では、この領域はむしろ医療保険や介護保険に近い性格を有しているともいえる。つまり給付内容であるサービスの供給主体が別に存在していることから、政策の実現に際しては、それらのコントロールに大きなエネルギーを費やさざるを得ず、また国民の判断や行動も政策の帰趨に大きく影響する。

## ❖第7章❖

# トンチン型終身年金の今日的な意義

### 第1節 緒　説

　古代ローマでは、相続人以外に対する一定以上の遺贈を法的に制限していた。ところが年金の形で相続人以外に財産を渡そうとするものがあらわれた。生きている限り年金を払うということだと、結果として総額でいくらの遺贈になるか分からない。これは一定以上の遺贈を禁止しているルールに抵触しているのか、いないのか。

　ローマ帝国時代の著名な法学者ウルピアヌス Ulpianus は、これに平均的な生存率を掛け合わせて年金総額の価値を算定することで判定しようとした。これが歴史上、もっとも古い生命表といわれている[1]。

　そしてこのことは同時に、この時代からすでに生存を条件に支払われるタイプの（いわゆるトンチン型の）年金のような仕組みが行われていたことを示す。17世紀にイタリア人のロレンツォ・トンティ Lorenzo Tonti（銀行商人、あるいは医師とも冒険家ともいわれる）により、のちにトンチン年金と称される仕組みが行われるよりも、ずっと遡ることになる。

　もちろんこのこと自体は、さほど不思議なことではない。17世紀のトンチン年金を俟つまでもなく、「生きている間は、年金を払う」というスキームくらい誰でも容易に思いつくものだろう。たとえば「生きている間は、ずっと親孝

---
[1] 浅谷輝雄『生命保険の歴史』（四季社、1957年）203-205ページ。

行する」とか「死ぬまで主人に忠義を誓う」などと似たような発想でもある。他方、ウルピアヌスの計算は、近代的な保険数理とはいえないにせよ、いわゆる年金原価を算出しようとしていたことからも、それほど「原始的」でもない理解がされていたことが分かる。ちなみにウルピアヌスは金利を勘案していなかったようであるけれども、皮肉なことにそのことは今日的な低金利下ではむしろ現実性を帯びる。

## 第2節　終身年金のその後の曲折

### 1. 終身年金への評価

しかしその後、この終身年金の仕組みは曲折を辿る。

ロレンツォ・トンティがはじめたトンチン年金の仕組み——生残者が減るにつれて、年金額が増えていって、最後に生き残ったものが年金原資の残額を独り占めする——は、各国で何度か実際に行われたものの、制度的に破綻を繰り返した。またこの仕組み自体、「射倖心を煽る」、「殺し合いになる」などとして、しばしば倫理的に妥当ではないという評価もされた。

日本でも明治期の民法制定に際して、終身定期金という規定が入れられたが（民法689条以下として現存する）、実際にはほとんど用いられることがなく、民法典の「蛇足」と評されることもあった。[2]

ひるがえって公的年金の領域では、むしろ終身年金が当たり前の形となり、日本でも原則としてそうなっている。（遺族年金等で給付に期間制限がつけられるときに逆に議論となる。）

そこで私的年金の領域においても、この終身年金をより活用すべきだと説か

---

2）　沼正也「終身定期金契約」『契約法大系5』（有斐閣、1963年）240ページ。終身定期金についての規定は、民法が規定する14種類の典型契約のうちで最後から2番目に置かれており、条文数も少ない。

　　なおこの規定については、フランス民法がボワソナードから梅謙次郎を介して日本に継受される際に、微妙なずれを生じており、そのことに大きな日本的な特殊性が潜んでいるものと考えられるが、これについての検討は他日を期したい。

れてきた。終身年金にあっては、生きている間、過不足なく老後保障が可能になる。貯蓄のように、長生きしすぎて原資が枯渇したり、早く死んだために不本意な「使い残し」（意図せざる遺産）が生じたりしないという意味で、合理的な仕組みといえるからである。

だから、これは高齢社会に向けた1つの切り札的なアイディアとして、繰り返し活用が提案され、見方によっては「手垢がついている」との印象すらある。もしかするとトンチン型の年金というのは、年金を論じる者が一度は罹る「はしか」のようなものなのかもしれない。[3]

他方、この終身年金については、その合理性・有用性にもかかわらず、固有の問題点が多々あることが指摘されている。代表的には、加入者の側からすると、早く死んだ（短命に終わった）場合に「元が取れない」おそれがある点、数理的に計算した価格（保険料）が高い点、また引き受ける保険会社等の側からすると、長寿が見込まれるものだけが加入するおそれがある点（いわゆる逆選択の問題）、予想外に寿命が伸びると収支が危うくなる点、生存確認等の支払事務や資産運用の負荷が高い点等々が指摘されてきた。

これらについては、とくに引き受け側の要因に関してはそのまま受け取れない部分も多いものの、結果的には私的年金のなかで、終身年金が一般的なものとはなっていないことから、「終身年金の過小需要の謎（annuity puzzle）」などといわれ、格好の議論の材料ともなっている。

## 2. 近時の終身年金への関心

さて21世紀を迎えた今日、この終身年金はふたたび脚光を浴びつつある。その背景にあるのは、まずもって公的年金の縮減傾向であり、それを補完するために私的年金によって、公的年金と同様の終身年金が供給されることが期待されているということがある。もっとも公的年金だけで老後保障をすべて担うのは、いつの時代でも難しいのだが、最近とくに上記が強調されるのには、以下

---

3) たとえば菱沼従尹「寿命とトンチン年金」『生命保険経営』56巻1号（1988年）3-10ページは、「今時トンチン年金でもあるまいという方もあろうと思うが」との書き出しからはじまる。

の要因がある。

　ひとつには、厚生年金基金の原則廃止に象徴されるように、公的年金に加えて企業年金が抱える問題点が決定的になってきたなかで、個人単位の私的年金に注目が集まってきている。そこで厚生年金基金では加算部分の年金原資の半分以上を終身年金とすることとされていた（設立認可基準取扱要領）こともあり、それと同様の税制優遇を認める要件として、終身年金設計にも焦点が当てられている。

　また日本ではいつものことながら、諸外国の動向が影響を与えている。すなわち公的年金の財政制約に伴い、欧米各国でも私的年金の充実が求められており、そのための税制優遇が実際に行われてきている（アメリカのＩＲＡ、イギリスのNEST、ドイツのリースター年金等々）。これを受けて、日本でも同様の政策的対応の必要性がしばしば指摘されるに至っている。かつて確定拠出年金を日本にも導入する際に行われた議論が、再燃しているような様相なのである。

　そしてまったく別の観点であるが、いわゆる経済成長戦略の一環として、投資のための資金を集めることが急務となっていて、私的年金の積立金もその重要な一翼を担い得るものとして注目されている。

## 3. 終身年金への期待に対する若干の留保

　もっともこれらの「後押し要因」については、それぞれ留保を要する面がある。

　とくに、公的年金を補完するという名目であったとしても、任意加入の私的年金に対して所得控除等の税制優遇を大幅に拡充することには、基本的な疑問が残る。すなわち自助努力支援という大義名分ではあるが、「自助努力できる（その余裕のある）層」だけを支援して、「自助努力する余裕もない層」を切り捨てているのではないか――俗にいう金持ち優遇になっているのではないか――という点である。

　加えて公的年金においては、制度全体として所得再分配機能が備わっている[4]。年金全体のなかで、公的年金から任意加入の私的年金にウェイトをシフトさせるというのは、そのこと自体で所得再分配機能を弱めることになるし、し

かもそれに加入する（加入できる）ものにだけ税制優遇を及ぼすというのは、いわば「逆方向での所得再分配」になっているのではないかとの疑いがある。[5]

さらにそもそも私的年金の普及を図る必要があるというのが議論の端緒であるが、現在、私的年金が普及していないという事実認識の論拠は必ずしも明らかではない。第2章でみたように、たとえば生命保険会社の個人年金保険だけでも約2000万の契約件数、約64兆円の資産規模（保険料積立金）があり（2013年度末）、見方によってはかなり普及しているといえる。[6] またそのなかでも「終身年金が少ない」としばしば指摘されるものの、その統計的な論拠も明らかではない。もろもろの関連統計等から、年金支払開始後契約のなかで終身年金が少ないことは推測されるものの、公式の全数統計はなく、上記の点を当然の前提として議論をしていくことには疑問もある。

しかし、ここではそのような多くの留保にかかわらず、私的年金のなかでもトンチン型の終身年金が、上記とはやや異なる角度からみて今日的な意義を有しているのではないかということを、次節で述べてみたい。それはトンチン型の終身年金の、いわば21世紀的な再評価ということにもなろう。

## 4.「トンチン型終身年金」という用語をめぐって

ところでその前に、本章のタイトルでは「トンチン型終身年金」という複雑な表現をあえて用いているのだが、そのことについて一言したい。

第1に、トンチン「型」と記載しているのは、歴史的な意味でのトンチン年金——前述したように生残者だけに年金が配分されて、生残者が少なくなると

---

[4] 世代間だけでなく世代内においても、基礎年金部分等を通じて所得再分配の役割が果たされている。

[5] この点では公的年金が、もっぱら中・高所得者層の給付を削減する方向や、低所得者には別途配慮する方向で制度改正される場合には、私的年金による自助努力を支援する政策との整合性は確保できる。もっともそのように年金制度のなかで所得階層による区分を強める方向での改正が望ましいかどうかは議論を要しよう。第5章（第3節）参照。

[6] 個人年金商品を提供しているのは、いわゆる保険型に限っても生命保険会社には限られず、またこれ以外に個人単位で加入する年金として、貯蓄型の個人年金商品や、国民年金基金、確定拠出年金等々がある。第2章（第1節）参照。

年金額が増えていって、最後に残ったものが原資を独り占めする仕組み――とは異なることを示すためである。すなわちトンチン型の年金とは、純粋な生存年金（生存を条件として支払われる年金）であるが、通常は基本的に一定の年金額が生涯にわたって支払われ、死亡とともに打ち切られる（年金原資の残額が遺族等に払い戻されることもない）という年金種類を想定している。

第2に、そのように生存を条件に支払われるという意味では、生存年金という表現も可能である。しかし生存年金という場合は、支払期間は終身には限られず、実際に期間を限って生存を条件として支払われる「有期年金」という年金種類もある。[7] そこで「生存年金の終身年金」とか「終身年金の生存年金」などと記載してもいいのだが、これはこれで分かりづらいとの感が強い。

第3に、そういうことなら単に終身年金と記載してもよさそうなのだが、日本の個人年金保険商品で終身年金といえば、その中心は「保証期間」が付けられたものである。これは一定の保証期間中（たとえば10年間）に死亡した場合には、保証期間部分の年金原資が払い戻されるというものであり、いいかえれば保証期間の部分はトンチン型の年金ではない。[8]

したがって終身年金といっても、保証期間が付けられている場合には、本章で述べるようなトンチン型の終身年金ならではの役割や意義が薄れてくることが考えられる。

第4に、さらに細かくいえば、トンチン型ではない終身年金もあり得る。たとえば多めに設定した原資から生きている限りは年金が支払われて、死亡した

---

[7] 支払期間を切ったトンチン型の年金であり、このような年金種類を保険用語ではかねてより有期年金と呼んでいるが、有期年金という用語は、確定年金を含めて「終身ではない年金」を幅広くさす表現として使われることも多く、これまた議論に混乱をもたらしている。第1章（第2節および註12）、第2章（第2節および註6）参照。

[8] 設計のイメージとしては、一定年齢までの確定年金の終了後に、トンチン型の終身年金を接続したようなものである。これは早期の死亡時の「年金原資の没収」を部分的に防ぐ仕組みとしては優れているのだが、その分、価格は高くなる。第2章（第2節）および第4章（第4節）参照。

なお諸外国では日本の厚生年金基金と同様に、年金原資の一定割合以上を終身年金に向けることが税制優遇の要件とされることがあるが、それは実質的には保証期間の設定に近い（ただし同一ではない）ものでもある。第6章（第3節および註11）参照。

時点で残額を遺族等に配分するという仕組みは設計可能である。（形式的にたとえば120歳までの確定年金として設計すれば、結果的にそうなる。）

　それらを勘案すると、本書では「トンチン型の終身年金」という、やや回りくどい表現を用いるのが適当だと考えた。私的年金への税制優遇論議においては、その対象を終身年金に限るべきかという点がしばしば議論されるが、より精緻に議論することの必要性がこのことから示唆されよう。用語の定義の問題ではあるが、実は内容にも深くかかわるものだといえる。

## 第3節　トンチン型の終身年金の今日的な意義

　以下ではこのようなトンチン型の終身年金という仕組みが、今日的な意味で再評価に値する要因——いいかえれば私的年金においても終身年金を重視する必要性が高まっている要因を、3つ挙げてみたい。

### 1. 人口動態の変化——長寿化した寿命の収束

　第1に、人口動態的な要因であり、平均寿命が伸びて、人口の多くが長生きするようになることで、寿命の分散が収束してくる可能性である。

　トンチン型の終身年金は、生きている間に限り支払われるので、合計でいくら受け取れるかは、もっぱら何歳まで生きるかによって決まる。いわば受取総額は「不安定」である。しかし長寿化により、皆が長生きするようになると、受取総額が一定程度は「安定的になる」ことが期待され、そのことによりトンチン型の終身年金に加入しても、短命により「ほとんど年金をもらえずに終わる」というリスクが緩和されることが考えられる。

　すでに寿命の全般的な伸びに伴って、死亡年齢の分散はむしろ小さくなっている面がある。たとえば『人口動態統計』でいわゆる前期高齢者（65〜74歳）の死亡についてみると、その実数は2000年頃をピークに減少傾向に転じており（たとえば2000年で20万5586人であったのが、2012年では19万1668人になっている）、全体の死亡者総数は増えていることから、そのなかで占める割合は大きく低下してきている。（2000年で約21％であったのが、約15％になっている。逆に死亡数に占め

る後期高齢者の割合は、2000年で約57%であったものが、約71%に達している。)

　つまりごく大雑把にいえば、前期高齢者の段階で死亡する確率は小さくなってきており、その傾向は今後とも進むだろう。逆に長寿といっても寿命が無限に伸びていくわけではなく、そこそこ「頭打ち」にはなるので、死亡時期は後期高齢者の一定の（80～90歳代の）段階にいわば密集してくることになるだろう。

　したがって、トンチン型の終身年金に加入したとしても、60歳代での年金支払開始の設計であれば、ほとんど年金をもらえずに死亡してしまうというケースは減り、もちろん個人差は残るものの、いわば一定程度は受給したなかでの若干の差というべきものになる（損得の落差が小さくなる）ことが考えられる。

　もっともこのことは逆にいえば、終身年金のいわゆるトンチン効果——早く死ぬ人がいるので、その分の年金原資を長生きする人に回すことができて、そのメカニズムを通じて保険料を安くすることができる[9]——があまり働かなくなるということを意味している。

　しかし少なくとも日本においてはその国民性を勘案すると、このようなトンチン効果よりも、短命によりほとんど年金をもらえないリスクが緩和される方が、終身年金の「受け入れやすさ」という点で意味は大きいのではないかと思われる。

　さらにこの短命に伴うリスクは、終身年金に対する税制優遇が拡充されれば、より軽減できる。すなわち早く死んでも「元が取れる」ポイントを、税制優遇の効果によって、より若い年齢に近づけることができよう。

## 2. 世帯構成の変化——遺産動機の縮小

　第2に、世帯構成の変化と、これに伴う遺産動機の縮減というべき現象の可能性である。

　すなわち独居や相続人がいない高齢者世帯が今後とも増加するなかでは、財

---

9）いいかえれば最小の拠出で、生きている限りにおいて過不足なく年金を確保できるという意味で、通常の貯蓄に対して優位な点であり、効率的な老後保障準備をできるということでもある。

第7章　トンチン型終身年金の今日的な意義

産・資産を「誰かに残す」というよりも、本人たちが「使い切る」ニーズが大きくなる。このときトンチン型の終身年金は、そのスキームとしての有効性を増すことになるだろう。

　終身年金が忌避される大きな要因として、前述したように、短命に終わった場合に「年金原資が没収されて、掛金の元が取れない」というリスクがある[10]。しかるにこれを仔細にみれば、長生きできず短命に終わったとき、年金原資を没収されるくらいなら、「誰かに残してあげたかった」、「自分で早く使ってしまえばよかった」という2つの後悔が予想され、それらがいわば先読みされて終身年金への忌避を心理的に構成しているものと考えられる。

　しかし前者の「誰かに残したかった」については、今後は「残したい相手」がいないケースも多くなる。すなわち孤独死・孤立死の増加が注目されており、生涯未婚率の増加が将来的にこの傾向に拍車をかけることは確実である。そうでなくても近時の家族形態の変化は、子どものいない離別者・死別者など、「残したい相手」がいないケースを増やしていく[11]。

　そうなると仮に残された財産があっても、遠い相続人に渡るか、それもいなければ国庫没収となる（民法959条）。ちなみに相続人が不分明な場合には、相続財産管理人の選任の申し立てがされるが、『司法統計』によればその件数は2004年に年間1万件を超えて、着実に増加傾向にある。

　そのようになるくらいなら、短命に伴う「年金原資の没収、掛金の元本割れ」のリスクをとりつつも、トンチン型の終身年金によって自分が生きている

---

10) このような表現は、やや不正確なものではある。保険料積立金は、個人ごとに運用されているわけではなく、死亡によって金銭の所有権が簒奪されるという意味で「没収」されるわけではないし、保険なので「元が取れる」とか「元本割れ」というような表現にはもともとなじまないからである。しかし多くの一般の加入者の感覚には合致する表現ではないかと思われる。

11) 国立社会保障・人口問題研究所の推計によれば、高齢世帯における単独世帯の割合は2035年には46都道府県で30％以上になる（2014年4月推計）。
　　山田昌弘『「家族」難民』（朝日新聞出版、2014年）106ページは、生涯未婚率の上昇に、離別者、子どものいない死別者などを加えて、「4人に1人、年間に数十万人が孤立死する社会」が到来する可能性を述べ、「もはや孤立死は例外的な死ではなく、よくある死の一形態になるでしょう」とする。

限りにおいて、給付を受け取るようにする方が合理的でもあろう。

　また後者の「早く使えばよかった」についていえば、そもそも臨終に際して本当にそのように思うのだろうかという疑問は措くとしても、終身年金に資金を投入するタイミングにおいて、その「早めに使いたい」分を投入金額から控除しておけばいいだけだともいえる。別の言い方をすれば、「早く使えばよかった」という後悔については、終身年金に限らず、普通の貯金においても同じことが起こり得る。

　以上からすると、このような世帯構成の変化のなかでは、終身年金に特有の、短命に伴う「年金原資の没収、掛金の元本割れ」のリスクに対する忌避はやや緩和されることが考えられ、「とても長生きした場合」のリスクヘッジの意義を考え合わせれば、このスキームの有効性がより意識されるのではなかろうか。

　そしてこのようなトンチン型の終身年金は、直接的には資産形成に寄与しないことから、これに対して税制優遇を行っても、いわゆる格差の保持や拡大、次世代への移転等には資することがない。いいかえれば「自助努力できる（その余裕のある）層」だけをさらに優遇すること（俗にいう金持ち優遇）には必ずしもならず、むしろ「自助努力しづらい層」に対して支援することにつながるのではないか。

### 3. 後期高齢期の費用の増加

　第3に、後期高齢期にかかる諸費用の増加の可能性である。

　すなわち後期高齢期においては、半ば必然的に医療や介護サービスを利用することとなり、しかもその期間が長期化するとなれば、それにかかる継続的な費用負担は重くならざるを得ない。加えて制度的にも、利用時の負担や、その他の税や社会保障にかかる負担水準は高齢者に対しても引き上げられる傾向にある。そしてこれらはまさに生きている間に限って必要となる費用であり、このことはトンチン型の終身年金へのニーズを増すことにつながるだろう。

　公的年金における年金額の改定は、2000年改正以降、裁定後（年金支給開始後）には基本的に物価スライドのみとなり、賃金水準、いいかえれば経済成長

第7章　トンチン型終身年金の今日的な意義

に見合った改定は行われない。これはもちろん公的年金の財政制約（現役層の負担を過大にしない配慮）にもとづくものではあるが、「受給者は、通常、高齢になるほど消費額が低下傾向にあるので、賃金上昇の分まで年金額の改善を行う必要は乏しい」との考え方によるものでもある[12]。

また医療や介護費用については、必要となる費用の多寡が人により異なる（統計的に分散が大きい）ことから、保険スキーム（医療保険や介護保険）により共同で負担・準備するのが適切だとかねてより指摘されてきた[13]。

しかし実際には、医療や介護サービスをめぐる状況は厳しい。医療保険の窓口負担（高齢者）は、所得区分により1割から2割に引き上げられつつあり、介護保険の利用者負担も同様であり、給付範囲とともに中・長期的にはどうなるか分からない。とくにひとたび要介護状態や慢性疾患となると、生きている間、継続的に追加的な費用が必要となる可能性が高い[14]。

そして医療における混合診療論議の行方は不明だが、とくに介護費用についてはもともと「混合的」でもあり（つまり介護保険による給付だけでは十分に対応できないことがあらかじめ想定されており）、事前に追加的な費用を準備する手段があることが望ましい。

これらに関して、トンチン型の終身年金による費用準備は、合理的なものだといえる。まさに生きている間、生きている限りにおいて、必要となる費用のカバーを可能にするものだからである[15]。

---

12)　『年金白書（平成11年版）』（社会保険研究所、1999年）174ページ。しかも制度的にはマクロ経済スライドによる（マイナス）調整もあり得る。

13)　いわゆる年金に対する「医療・介護重視論」である。

14)　加えて今後、消費税や社会保険料の負担がさらに上昇していくことが考えられる。たとえば介護保険料に加えて医療保険料まで生涯にわたって負担することになるとは、高齢者にとっても寝耳に水であったろうし、さらにそれらが今後どのような水準になるかも予断を許さない。

15)　加えて死亡の際（ないしは死亡後）の諸費用についても、トンチン型の終身年金のバリエーションの設計による準備を考える余地があるように思われる。とりわけ身寄りのない場合、成年後見等も付いていなければ、葬儀費用をはじめとして家の片付け等々、ただちに一定の費用が必要になることも想定され、それを何がしかの善意や役所に頼るというようなことばかりでは、今後問題が大きくなるだろう。

もちろん医療や介護サービスを利用せずにすんでいる間は、その費用は「浮く」ともいえる。しかしその場合は、いいかえれば元気なわけだから、他の諸活動に浮いた費用を振り向けることが可能であろう。

　そしてこれらの諸費用を、後期高齢期に向けてどの程度準備する必要があると考えるかは、一方では家族構成や健康状態、就労状況、財産状態等々とそれらの将来的な見込みにも左右され、他方ではどのような終末医療や介護形態（場所等をはじめとして）を望むかを含め、個々人の価値観に大きく依拠するものでもある。したがって、社会的に一律の水準を想定するのは困難であり、その意味で、これらは任意加入の私的年金が担うのに相応しい領域ではないかと考えられる。

## 第4節　認知症と終身年金

　ところで以上の3点は、別の見方をすると、実は高齢期における介護や医療、とりわけ認知症の問題と深く関係していることが分かる。

　すなわち第1の平均寿命の伸長に関しては、それにより認知症の発症確率は確実に上昇する。また認知症は「死に至る病」という側面もあり、そこで寿命が頭打ちになる要因でもあろう[16]。

　また第2の世帯構成の変化、独居老人の増加に関しては、独居でも元気であればいいのだが、そこで生活能力や身体能力・判断能力に支障が生じることが、問題の本質でもある。

　さらに第3の後期高齢期にかかる諸費用の増加に関しては、そこでの最大の問題はやはり介護や医療の費用であろう。

　したがって、トンチン型の終身年金に関して前節で述べてきた3つの今日的な意義は、実際的には認知症高齢者への対応という意味合いが大きい。すなわち認知症高齢者の増加と、トンチン型の終身年金の必要性・有用性は表裏であ

---

16) 医療技術によって長寿化が進んだものの（とくに脳梗塞に際して、死亡せずに要介護状態に移行することが多くなった点は大きい）、前節で述べたように一定の頭打ちが生じて、それにより寿命の不確実性が若干縮減しているとみることができる。

第 7 章　トンチン型終身年金の今日的な意義

り、いいかえれば「生活能力・身体能力・判断能力が低下したなかで、(場合によっては) 家族もおらず、費用を工面しながら、長い時間を過ごす」という事態に備えるために、トンチン型の終身年金は 1 つの有効な支えとなるのではないかということである。

　とくに介護に関しては、少なくとも一般論としては、いくらでもサービスはあった方が (すなわち手厚い方が) 望ましいことが多い[17]。しかしどのくらいの費用までなら、それらのサービスに対して支払っても構わないかは、人によってその評価・判断が異なるというのが重要な点であろう。介護サービスに関しては、大げさにいえば人により価値観が異なり、画一的・標準的な要否の判断は難しい[18]。

　たとえば認知症に関しては、ケア・パートナーという考え方がある[19]。これは要するにつねに 1 対 1 で付き添って、コミュニケーションをとっていれば、認知症の進行を大いに遅らせることができるし、いいかえれば充実した老後を長く送れるという方策でもある。

　しかし当然それには莫大な費用がかかり、人手も足りないなかでは、社会的に (たとえば介護保険のなかで) 提供するのは不可能であろう。けれども個々人で費用を投入すれば、その実現 (24 時間・365 日のヘルパー派遣等) は不可能ではない。ただ、そこまでするかどうかは、まさに個々人の判断というべきであろう。

　またそれは、そのときに費用を工面できればもちろんいいわけだが (もっと

---

17)　通常の医療サービスについては、一定のオプティマム (最適) 水準があると考えることができる (逆に「必要以上」の手術や投薬を行っても意味がないばかりか有害である) が、介護についてはその性格上、「たくさんあればあった方がいい」ということが多い。(だからそもそも介護保険制度では、要介護度による枠の付与 (だけ) が行われるのだともいえる。) 第 5 章 (註17) をあわせて参照。また介護サービスの性格につき、堤修三『介護保険の意味論』(中央法規、2010 年) 45 ページ以下を参照。

18)　逆にいえば、もし全員にとって、どうしても必要なサービスであれば、画一的に (強制加入の社会保険で) 供給すべきだといえる。第 5 章 (註28) 参照。

19)　小澤勲『認知症とは何か』(岩波新書、2005 年) 第 2 部第 2 章 (97 ページ以下) を参照。

もそのとき認知症高齢者本人が、その費用を適切に工面できるかという問題は別途あるが)、トンチン型の終身年金は、そのあらかじめの準備を可能としよう。

あるいはそこまで極端な話ではなくても、在宅で充実した介護サービスを利用したいと考えれば、施設入所と比べれば（つまり集合している入居者にサービスを提供するのと比べれば）どうしても効率性が落ちるので、費用はかかる。それでもそのようにして（家族に頼るのではない形で）最期まで住み慣れた家で過ごしたいと思えば——それは誰でも思うかもしれないが、かなりの費用を投下してもそうしたいと思うならば——個々人で費用を準備すればいいのであり、トンチン型の終身年金は、その費用の事前の準備を可能とするだろう。

ちなみにこれと同様の事象は介護に限られず、医療の一部についてもあり得る。たとえば超高度医療について、あるいは費用を伴う延命治療等について、その価格との見合いを含めてその要否の判断は個々人で分かれるだろう。

そのように、必要だと判断されるサービスの種類や内容が、個々人によって区々だとすれば、それは汎用性のある金銭による給付がむしろ望ましいといえる。（上記とはまったく異なる種類の使い方を望む人もいることだろう。）それは金銭給付である年金の役割と親和性を有する。すなわちトンチン型の終身年金により、生きている限りにおいて費用が提供されることで、それらサービスの利用を可能とする道が開かれよう。

そしてまたこれらに関しては、個々人で要否やその程度が異なる以上、（第5章（第4節）でも述べたように）画一的に保険料を徴収するにはなじまず（まったく必要ないと考える人もいるだろう）、それは私的領域において行われるのが望ましいだろう。

ここでは「余裕がある層が、手厚い介護等を望み、それを実現する」というのとは少し構図が異なる点に留意を要する。つまり、仮に余裕があっても、それを必ずしも手厚い介護等に振り向けたいと全員が考えるものではない。費用対効果の問題として、それはまさに個々人の判断・評価である。（したがって、所得による医療や介護の階層化ということとも異なる。）

とくに事前の判断においては、そもそも全員が認知症になるわけではないなかで、認知症になる一定の確率をもとに、その準備のために、現役時に現在お

よび近未来の消費を断念して資金を拠出しておくかどうかは、社会的に一律に決められるものではないだろう。(もっとも仮に強く希望しても、余裕がなければそのような拠出もできないことがある点には留意を要する。)

　これらに加えて、トンチン型の終身年金については、その年金給付が本人の手を離れたところで行われ続けるという点が重要である。認知症により判断能力も低下した際に、本人すら手に届かない場所に年金原資という財産・資産があって、そこから生きている限りにおいて年金が(淡々と)給付され続けるというのは、ある意味では機械的過ぎる印象があるかもしれないが、意義深いものと思われる。つまりその処分可能性を、あるいはそれにかかる自己決定の射程を、はじめからあえて縮減させておくということであり、端的には軽率に財産を処分してしまったり、詐欺にあって失ったりすることを、少なくともその部分については防ぐことができる[20]。

　いってみればトンチン型の終身年金は、はじめからある種の「高み」から、本人が生きている限りにおいて(たとえ認知症になっていたとしても)見守ってくれるのである。あるいはさらに奇矯ないい方をすれば、古代ローマの頃より片鱗を垣間見せていて、近世(17世紀)以降も中空を漂っていたこのトンチン型というスキームが、21世紀に至って、守護天使さながらついに地上に舞い降りようとしているのかもしれない。

＊　　　＊　　　＊

　これまで歴史のなかで繰り返し提起され、いいかえれば必ずしも現実に定着せずにきている私的年金におけるトンチン型の終身年金スキームについて、現時点でその意味合いが再浮上しているのではないかということを述べてきた。

　もしかしたら本書も、また議論の蒸し返しの1つに過ぎず、このスキームへの「手垢」を重ねているだけかもしれない。しかしここまで述べてきた今日的な状況は、単に「公的年金が財政的に厳しいので」という話ではなく、きわめ

---

[20] いいかえれば、ある種のプリコミットメントとして位置づけられるのではなかろうか。もっともこの点は、一般的な保険の本質にもかかわり、日本人にとってはなじみづらい部分が端的にあらわれるところでもあろう。

て21世紀的な現象でもある。

　すなわち高齢社会を迎えたポスト近代とは、個々人が、集団（職場や家族）から切り離されて、長く生き続ける時代である。医療や介護サービスを半ば必然的に利用しながら、あるいは生活能力・身体能力に加えて判断能力も衰えてくるところを何らかのサービスで補いながら、長寿を享受し、ないしは長寿を耐えなければならない時代でもある。そのような前近代にも近代にもなかったような、長い人生のそのまた長い終盤局面において、前述したようにトンチン型の終身年金は、そのいわば同伴者となり得るのかもしれない。

　本章の冒頭でも述べたように、皮肉なことに経済成長の鈍化により、低金利が定着し、ウルピアヌスの「単純な」（金利を勘案しなかった）計算方法も現実味を帯びている。すなわち低金利のなかで、事務費部分を控除すれば、金利を全く勘案せずに計算したのとほぼ同じような結果となることが考えられ、いってみれば運用収益とは関係なく、純粋にトンチン型の終身年金という仕組みの意義や得失が問われることになる。このことは偶然の所産ともいえるが、しかし人口高齢化により経済成長が減速して、金利も長期的に低落するなかでは、これもポスト近代における必然的な帰結とみることもできる。

　ただし本書は、もろ手を挙げて私的年金におけるトンチン型の終身年金の政策的な奨励を称揚するものではない。これまでのもろもろの経緯からしても、「取扱注意」ともいうべき仕組みであることは間違いないのである。

❖ 終　章 ❖

# 総括に代えて──個人年金保険と日本の社会保障

　個人年金保険、ないしは私的年金について本書で述べてきたことは、一方では幅広く政策選択肢の可能性を示すばかりで、主張が明確ではないと評価されるかもしれないし、逆に私的年金全般を推奨するトレンドに抗して、終身年金やトンチン型のスキームにこだわりすぎていると評価されるかもしれない。どちらにしても中途半端であるかもしれないが、本書の一義的な趣旨は、あまり紹介されていない個人年金保険や私的年金についての一定の事柄を提示して、分析と検討を加えるということであった。
　そしていずれにせよ、個人年金保険をはじめとする私的年金について分析・検討することは、日本の社会保障全体を考える手がかりにもなるように思われる。すなわち私的年金を考えることで、公的年金をはじめとする社会保障や、それに関する公私の役割分担等について、またその日本的な特質について、みえてくる部分がある。
　それらについては本書で断片的に示してきたが、ここでも本格的には展開できないものの、今後の課題という意味も含めて、改めてその一端を示しておきたい。

　　　　　　　＊　　　　　　　＊　　　　　　　＊

　まず個人年金保険については、その商品性ないし位相が貯蓄スキームと類似・接近していることを指摘してきた。保険スキームと貯蓄スキームとがもっとも接近するのが、私的年金といえるかもしれない。逆にいえば、それはリスク対応という性格が薄れていることを意味するが、したがってそれは両スキームの「差」を見極めるチャンスでもあるはずである。

すなわち長期的な積み立て貯蓄と、長期保険とは紙一重であり、そこが同視されるのは無理からぬところもあるが、しかし本来両者には厳然とした違いがある。たとえば死亡保障だけを行ういわゆる「掛け捨て」の定期保険においても、保険期間が長期の場合には積立金が形成され、それが平準保険料方式にもとづく長期保険ということでもある。保険料のうちで、貯蓄保険料部分といわれる部分があるものの、それは貯蓄そのものとは本質的に異なるという点は、あまり理解されていないように思える[1]。

　それがとくに年金のように貯蓄性の高い商品になると、ますますみえづらくなるのは確かである。そして個人年金保険では商品スキームとしても、むしろ長期保険から、貯蓄そのものに「実際に」かなり近づいてきたのが事実である。

　そしてそのような貯蓄への接近傾向は、日本においては私的年金に限らず、生命保険商品全般においても、また公的年金においてもみられる（それは制度的にも、意識の面でもそうである）ことを本書では指摘してきた。逆にいえばそのような全般的な傾向のなかでは、私的年金（もともと貯蓄に近い）がさらに突出して貯蓄に接近していくというのは無理からぬところでもあろう。

　さらにいえば他の社会保険、たとえば医療保険や介護保険においても、国民にそのように受け止められ、理解されているところがあるように思える。たとえば「いつでも医者に行けば、保険で診てもらえる」という発想ないしとらえ方には、このことが端的にあらわれているのではなかろうか。それは「貯蓄的」というよりは、「会員制サービス的」（ないしは入会権的）とでもいえるかもしれないが、いずれにせよ個々人には手の届かない（自分では決められない）偶然の事象によってもたらされる保険事故の発生により、給付が行われるという保険の考え方とは、距離がある[2]。

　それらは要するに、日本では保険という仕組み、とりわけ「① 保険料の支

---

1）　長沼建一郎「民間保険における「保険原理」とは何を意味しているのか」『社会保険旬報』2025号（1999年）6-12ページを参照。
2）　長沼建一郎「キリスト教と社会保険——保険は技術に過ぎないか」『週刊社会保障』2764号（2014年）48-53ページを参照。

払い → ② 保険事故 → ③ 保険給付」という構造と、そのなかでも保険事故という概念が──すなわち本人の手の届かない（自分では決められない）偶然の事象が生じて、それが給付につながるということが──、必ずしも理解され、定着しておらず、ひるがえってむしろ貯蓄的な仕組み（本人の意思・決定により、いつでも引き出せる仕組み）にいわば引き寄せて受け止められているとも考えられる。

そのため社会保険についても、その仕組みの中核部分にある保険の基本的な意味合いが十分理解されるに至らず、そこで何か不都合があると──たとえば加入率の低下とか、財政問題とか──、すぐに社会保険という仕組みそのものが「時代に合わなくなった」などといわれるのかもしれない。

もっとも本書は別に、貯蓄スキームが「よくない」と主張しているわけではない。いいかえれば貯蓄的な理解とか、貯蓄への接近の当否を問うものではない。第3章でもふれたように、場合によってはそれらが社会保障諸制度の、日本への定着・軟着陸に大いに役割を果たしているのかもしれない。

しかしながら第1に、貯蓄スキーム「だけ」では、対応しきれない問題も多くあるのは事実である。すなわち狭義のリスク対応の装置をより活用した方がいい場面も少なくないように思われる。それが私的年金に即しては、トンチン型の重視ということであった。

また第2に、貯蓄は格差を生むし、さらにその格差を拡大させることもある。多くの貯蓄や資産があれば、リスクに対してもその保有する貯蓄や資産で対処できることが多いだろうが、それができない層にとっては、保険はかけがえのない手段である。

保険事故は、誰にでもやってくる。そのとき保険スキーム──リスク移転の意義がとりわけ発揮されるのは、貯蓄や資産を多く保有する層に対してではなく、それ以外に対してである。社会保障を論じるにあたって、保険の意義そのものに目を向けておくことの重要性の1つはそこにある。このような特質（いいかえれば社会的所有の仕組み）は、保険以外ではそう簡単に代替できないものでもある。加えて第3章でもふれたように、保険と貯蓄の両スキームがこのように重なり合っていると、政策的にドライブをかけたときに、何を奨励・支援

しているのか分からなくなったりもしよう。

　後述するように、リスク社会の到来がいわれるなかでは、保険が対象とするリスクについても、その保険設計のための計測可能性が怪しくなっているのは事実である。しかし逆説的ながら、だからこそ、およそ計測できないもの（保険スキームに乗せる余地がないもの）と、ある程度は計測可能なもの（保険スキームに乗せる余地があるもの）とを見極める必要性も増しているように思われる。必ずしも、どれも一様に「およそ計測できない、まったく予測がつかない」というものではないからである。

　もちろん保険スキームは決して万能ではなく、現行の社会保険を巡っても、むしろ多くの課題がある。したがって、発生している諸課題には対応を要するものの、そこでの対応とは、社会保険という仕組みを一挙に断念・放擲して、まったく新しい方策を捻り出すというものではないように思える。

＊　　　　　＊　　　　　＊

　次に、そのような個人年金保険ないしは私的年金を考えることは、いわゆる公私の役割分担論にも新たな視点を提供してくれる。

　年金に関する公私分担論においては、私的年金は公的年金への補完ないし代替、あるいは上乗せと位置づけられるのが普通である。確かに広い意味では補完ないし代替であり、上乗せであるのだが（本書でもその表現を用いてきた。ただしとくに「つなぎ機能か上乗せ機能か」というときの「上乗せ」の意味には限られない）、それはもっぱら公的年金の保険料に加えて拠出することが可能な層が、余裕のある老後のために備えておく仕組みというニュアンスで語られている。

　そこではあわせて、なるべく幅広く国民が自助努力に勤しむように、そのような機会の確保の公平性が志向されることにもなる。（そのように国民全体を通じた公平性がつねに希求される点に、政策論議における日本的特徴をみることもできるかもしれない。）あるいは逆にその点をとらえて、私的年金の重視は、もっぱら国家責任の後退として否定的に評価されることもある。

　しかし本章でも述べてきたように、私的年金を含めて、保険というスキーム自体が社会的な性格を有している点は、顧慮に値する。そうでない（個人的な

## 終章　総括に代えて──個人年金保険と日本の社会保障

所有に類する）側面もあり、要するに折衷的なのだが──あるいはその両者の性格が一体化しているところにこそ大きな意義があるともいえるのだが──、そのなかでも、とくに公的な性格が強いもの、公的な役割を担い得るものを抽出することは不可能ではない。私的年金に分類されるもののなかにも幅があり、貯蓄との距離も、公的年金との距離も、さまざまなのである。

　より一般的に、日本の社会保障にかかる公私分担論に関していえば、もともと社会保障制度がカバーしている範囲が広いため、国民の生活上のリスク全般をあまねくカバーしているような印象を与えかねないが、必ずしもそういうものでもない。社会保障制度は歴史的な経緯を経て形成されてきており、つまりはむしろ「デコボコ」なところがある。たとえば日本では介護保険ができるまでは、要介護リスクは少なくとも社会保険ではカバーされていなかった。あるいは逆に生命保険は、今でも基本的に民間保険の守備範囲であるが、ある段階の憲法草案では、生命保険も社会保険制度の一内容として位置づけられていたのである[3]。

　さらに個々人に即してみれば、もっと「デコボコ」でもある。個々人は、現行の社会保障制度がカバーする範囲や保障水準に「ちょうど」当てはまる形でリスクを引き受けて生きているわけではない。

　要するに基本的な構図として、生活リスクのベース部分は公的な保険（社会保険）によりあまねくカバーして、財政的に及ばない「それより上の部分」だけを私的な保険（任意加入の民間保険）に任せているという形ではもともと割り切れない。私的な保険は、必ずしも「余裕がある場合に、公的給付へのさらなる上乗せのために」というものばかりではない。ときには私的な保険がギリギリの切実な──「本当に必要」な──基礎的保障を担うことはあるはずである。それはたとえば生活のもっともベース部分にかかわる食料や衣料・住宅にしても、民間の営利事業者により純然たる市場で提供されているのと同じで、生活のベース部分だから「公」が提供するのだとは限らないといえる。

　とくに後述するようなリスク社会のもとでは、一般論としても、生活上のリ

---

3）　田中英夫『憲法制定過程覚え書』（有斐閣、1979年）141ページ。

スクへの対応に際して国民のニーズを一律に確定するのは難しく、むしろ個々の価値観に基づいて、切実な必要性の内容自体が一致しない場面が増えていることを直視する必要があるように思われる。

つまり財政制約とは別に、社会保険のように一律に保険事故、給付範囲、給付内容、給付水準を設定して運営するに適する領域はどこまでなのか、またそれではカバーできない領域について、どのような方法で対応するのかという点が、社会保障に関する公私の役割分担の、少なくとも1つの基本問題としてたちあらわれてくるのではないかと考えられる。

そしてそれへの対応としては、ひとつには公的な枠組みの方にフレキシビリティを付与することが考えられるし、そうではなく私的な部門に委ねるという方法もある。ただその両極の間に、なおさまざまな政策選択肢はあり得るのであり——そこでは税制が大きな、しかも多様な役割を果たすだろう——、それらを具体的に議論していく余地は大きいはずである。つまり単なる「振り分け」でも「民営化」でもなく、公と私（たとえば社会保険／民間保険）の境界線、市場と政府（国家）の接点を仔細にみて、ジグソーパズルのように両者を1つ1つ組み合わせていくことが、公私分担論の実際的な課題となってくるのではなかろうか。

＊　　　　＊　　　　＊

ただ、それにしても事態を複雑にしているのは、ポスト近代社会と、高齢社会の波が、並行的に襲来してきているという点である[4]。

これらは従来、同じ文脈で論じられる機会は乏しかったが、実際には両者は重なり合う必然性があるともいえる。産業化・都市化・核家族化が進めば、や

---

4） ポスト近代、ポストモダン、セカンド・モダニティ、自省的・再帰的近代等々、概念は多岐にわたるが、ここでは村上淳一『〈法〉の歴史』（東京大学出版会、1997年）vi章が「ポストモダンの法秩序」として描いたような、従来の「法／非法」という二分法コードによる物事の解決が困難になってくる状況を主として念頭においている。

　社会保障に即して、長沼建一郎『介護事故の法政策と保険政策』（法律文化社、2009年）終章をあわせて参照。

終章　総括に代えて——個人年金保険と日本の社会保障

がて少子化が進行し、あわせて医療技術の進歩により、長寿化がもたらされるからである。近代社会の飽和現象と、社会の高齢化とが同時に押し寄せるのは、それなりに理由がある。

　近代的な保険モデルは、曲がりなりにも近代的な人間像を前提に組み立てられている。そこでは外界のリスクに曝される人間が、みずから契約者（主体）として、同時に被保険者（客体）として、保険契約を締結するという構図が成立し得た。計測可能な不確実性（すなわちリスク）に対処するために、そのような保険契約は有効であった。保険スキームが、人間の「サブジェクト」としての二重性——リスクに曝される（subject to）存在であるが、契約の主体（subject）ともなり得る——を架橋する役割を担うことができたのである[5]。

　しかしポスト近代社会は、そのような均質なリスク空間を保証しなくなっている。それはウルリヒ・ベックが失業リスクに関して述べたように、まさに人間自体、あるいは近代社会自体がもたらしたものであり、それがブーメランのように（再帰的に）自分たちに戻ってきたもので、いわゆるリスク社会ということでもある[6]。

　そして社会保障が対象とするもろもろのリスクという意味では、失業に限らず、ポスト近代社会と高齢社会が同時に到来したことによって、その均質的なリスク空間は大きく乱されている。とくに長寿化と医療技術の進歩により、年金等における稼得能力喪失の判定、医療保険等における傷病の判定、加えて要介護や障害の判定等を含めて、保険事故の発生／不発生を二分法で割り切るの

---

5) 人間の二重の意味でのサブジェクトとしての位置づけについては、ミシェル・フーコー〔渡辺守章訳〕『性の歴史Ⅰ　知への意志』（新潮社、1986年）78ページ以下、110ページ以下。（いわゆる牧人型権力の問題とあわせて、ミシェル・フーコーほか「〈性〉と権力」『現代思想』6巻7号（1978年）58-77ページもなお参照に値する。）ヴィレム・フルッサー〔村上淳一訳〕『サブジェクトからプロジェクトへ』（東京大学出版会、1996年）20ページもあわせて参照。

　ちなみにそれは精神科医・中井久夫が指摘する、人間が「unique I」であり、同時に「one of them」でもあるという基本問題とも重なるところがあろう。たとえば中井久夫・山口直彦『看護のための精神医学（第2版）』（医学書院、2004年）188-189ページ。

6) ウルリヒ・ベック〔東廉他訳〕『危険社会』（法政大学出版局、1998年）第2部第3章。

185

が困難になってきている。いわば社会保障の対象とするリスク自体が大きな不安定性を抱えるに至っているものとみられる。また、さすがに生／死の区別自体は明確にあるものの、その境界をめぐっては議論が続いていることに加えて、「死」の評価（たとえば病死／事故死／自然死の区別）に関しても、問題が顕在化しつつあるように思える[7]。

同時にポスト近代社会においては、「人間」のとらえ方についても刷新を迫られる。それは大上段にいえばポストヒューマンということかもしれないが、むしろより具体的に、たとえば現役世代／引退世代の区分や、健常者／病者／障害者の区別、また就労・勤務形態（正規／非正規、被用者／被扶養者等々）、場合によっては親子や夫婦、男女というような基本的な属性、あるいは先天的要因と後天的（環境的）要因、ないしは主体的言動と受動的（他律的・偶然的）反応等々についての線引きが、容易でないどころか、むしろ境界線があるかどうか定かでなくなっていることもある。

そこではたとえば会社に就職して、賃金労働者として就労を続け、結婚して所帯を持ち、定年により引退して老後を過ごす、という標準的なプロセス（ライフコース）だけで語ることの不十分さは際立ってきている。

さらにいえば、ポスト近代社会という文脈で扱われることは少ないものの、認知症高齢者にあっては、近代的な人間（主体・客体）イメージをことごとく覆しているともいえる。あるいは認知症高齢者は、近代的な人間像のひとつ「先」にいる。

このように、社会保障が対象とするリスク空間のありようは大いに変質し、リスクの計測可能性も怪しくなっているなかでは、保険という仕組みに依拠した対応自体に疑問が呈されるのも理由のないことではない。実際にリスク社会論においては、「保険の限界」、「保険不能性」が重要なテーゼとして打ち出されている。ましてや前述したように、日本ではもともと保険の考え方が十分定着していないとすれば、早々に見切りをつけられそうになるのも無理からぬと

---

7) 長沼建一郎「事故死・病死という二分法」『週刊社会保障』2654号（2011年）54-59ページ、および同「国民が肺炎で逝く国で」『週刊社会保障』2703号（2012年）44-49ページをあわせて参照。

終章　総括に代えて——個人年金保険と日本の社会保障

ころがある。すると、対応装置としての保険スキームは、もはや有効性を失っているというべきだろうか。

　しかし、たとえばポスト近代社会とは、近代を完全に忘却したり、放擲することではない——それはあり得ない——のと同じように、近代的な保険モデルについても、それが少なくともこれまで福祉国家において中心的な役割を担ってきたことからすれば、そう簡単に「全部を取り替える」のではない選択肢もあるはずである。

　すなわち放擲や断念ではなく、組み換え、編み直しの可能性である。部分的な手直しや部品の取替えというよりは、全体の枠組みを少しずらして変形させること、比喩的にいえばメタモルフォーゼ（変態）させること。そのようにして、いわばシステムを更新する可能性を追求することがあってよいように思われる。そのことによって、人間が「サブジェクト（主体かつ客体）」であることの二重性に、再度、向き合う必要があるのではないだろうか。

　そしてこのようなリスクの変質と、人間像の変貌が端的にあらわれ、問題となる領域の１つが年金分野、とくに私的年金にかかる政策領域でもあろう。本書としても、そこでのシステム更新の可能性を模索してみたものである。

＊　　　　　＊　　　　　＊

　本書の冒頭では、プリーモ・レーヴィの「これが人間か」との告発になぞらえて、「これが年金か」との問いを据えておいた。同様の意味で、「これが保険か」、「これが社会保障か」ということが、21世紀の日本において、改めて問われなければならないのだと思う。

　ところで同じくプリーモ・レーヴィの「天使の蝶」は、怖ろしくも卓抜した短編小説である。これは、人間は実はもっとずっと長命で、本来的にはある時点で「変態」（メタモルフォーゼ）して次のステージに進むはずなのだが、それがうまくいかず、「幼体」、「幼形成熟」（ネオテニー）のままで皆、死んでしまっているのだという話である。

---

8）　長沼・註２をあわせて参照。

「現在の人間の姿は、未完成な下書きの状態でしかなく、さらに別の"成体"になる可能性を秘めていながら、たんにそれよりも早く死に邪魔だてされて、変態できないだけなのではないか」[9]。

その別の「成体」こそが、「天使」だというのである。そこで戦時下のベルリンにおいて、空襲の下、人間を本来の予定通りにメタモルフォーゼさせるべく、異能の科学者による科学実験が行われるが、おぞましくも悲惨な結末を迎える。

これはあくまで小説であり、荒唐無稽なプロットであるのかもしれない。しかし実際に、人間の長寿化は進行し、そして半ば必然的に、認知症が伴ってくるようになってきた。前述したようにそれは近代へのアンチテーゼともいえ、見方によっては人間も「天使」にメタモルフォーゼするのだともいえる。そうだとしたら、それを支える、あるいはそれと伴走する社会保障等の諸制度の方も――そして本書に即していえば何より私的年金の方も――、これにあわせて姿を変えていくことをしなければならないのではないか。

それは再度いえば、現在の形を一挙に放擲したり、断念したりするのではなく、組み換え、編み直して、更新していくべきではないかと考える。

---

9) プリーモ・レーヴィ〔関口英子訳〕『天使の蝶』(光文社古典新訳文庫、2008年) 94-95ページ。

# あ と が き

　伝説の厚生官僚ともいわれる荻島國男が最初に入院したとき、病室を見舞った私に対してこういった。
　「税金のことを勉強しろ。そうすれば、仕事は全部分かる」
　それは長かった昭和も終わりに近づいた、穏やかな春の日のことだった。私はまだ20代で、荻島が48歳で命を落とす4年前のことである。
　当時、荻島國男は厚生省の児童家庭局児童手当課長の職にあって、児童手当の制度改正に取り組んでいた。老人福祉、シルバーサービスが注目を浴びる一方、児童手当は典型的な無駄ガネと目されて、むしろ廃止すべきではないかといわれていた頃である。
　しかし荻島は、それとはまったく逆の方向を目指した。少子化問題にはマスコミも研究者もほとんど関心を示さず、合計特殊出生率という指標の存在など一般にはほとんど知られていなかったところから、今日に至る少子化への政策対応の嚆矢を放ったのは間違いなく荻島である。
　そのとき私はたまたま調査員という肩書で児童家庭局に籍を置いていたものの、実際的な仕事はほとんどしておらず、右も左も分からず統計作業の手伝いのようなことをしていただけだった。しかし荻島が入院したことで、組織は多忙を極め、私も何がしかの役割を担わざるを得なくなった。そのとき荻島が私に対して、仕事にあたる指針として、唯一告げたのがこの言葉である。
　私は何だかよく分からなかったが、そういわれたので仕方なく、膨大で細かな税法やその政省令を逐一みていった。当時、児童家庭局の別室に現行法規総覧100巻あまりが並んで置いてあった。私はその役所の薄暗い別室で、壁を覆い尽くしている現行法規総覧と向き合って、日々を過ごした。
　念のため書いておくと、別に特殊な法令集が設置されていたわけではない。大学の図書館でも一般的にみられる現行法規総覧が、各局に置いてあるだけである。しかし私は法学部出身にもかかわらず、それらを手に取ったことがな

かった。(もっともおそらく普通の学生は手に取る機会はないだろう。)
　税法の世界は、精緻かつ複雑で、しかも激しく転変しており、壺中の天というべきものだった。所得税法や法人税法、そして租税特別措置法をはじめとする諸法令や規則等において、延々と無味乾燥な項目が——たとえば対象品目や対象者・組織名等々が——列挙されているだけのようにみえるものの、その税法の適用対象となるかならないかが、当該対象やその関係者にとっては死命を制するのである。
　ただし税法やその政省令だけで話は完結しておらず、本当にどうなっているかを見極めようとすれば、それぞれが準拠、参照している法令に順次当たっていく必要があった。その道筋を辿っていくことはしばしば困難を伴ったが、配線は確実につながっていた。それらを辿るのは、法学部で学んだ解釈論などとはまったく別の世界だった。
　私はことあるごとに、役所の薄暗い別室で現行法規総覧の「壁面」と向き合って時間を過ごした。そのことで、少なくとも政策の第一線で、何がどう問題になっているのかは理解できるような気がした。(もっともその結果として、私が何か意味のある仕事をできたというわけではなかったけれども。)

　　　　　　＊　　　　　＊　　　　　＊

　あれは今でも省内の各所にあるのだろうが、インターネットでの検索が普及している今日、手に取る人も減っていることだろう。私自身、法令検索はもっぱらインターネットを頼っている。
　ただ、あの壁面のリアルな感触は、今でも重量感を伴って私のなかに残っている。それはいいかえれば、物事の根拠を調べても、あの壁面に辿り着けないのであれば、「儚いレトリックに過ぎない」という感覚でもある。もちろん世の中では行政指導や慣行、運用等々が実際には幅を利かせているとしても、たとえば税金の世界で、最終的な確固たる基準を担っているのはあの壁面である。
　日本国憲法の定める３大義務は、「教育の義務」、「勤労の義務」、「納税の義務」だが、教育や勤労はむしろ権利という側面が強い。徴兵制もない日本で、

あとがき

正面から義務として人間を、また世の中を動かしているのは、実に税金なのである。

そして毎年、膨大な法改正が行われて、あの壁面はその都度書き換えられている。とはいえ、それはそれほど気楽に書き換えていいものではない。コンピュータ・プログラムや遺伝子のＤＮＡの配列と同様に、一箇所でも間違って書き換えると、話がおかしくなってしまうのだ。

念のため書いておけば、荻島國男が法令に知悉していたとか、条文の法制執務に通暁していたとか、そのことを部下にも求めたとか、そういう話ではまったくない。税金にばかり関心があったわけでもない。いや実際には本人は、税制をはじめとする法令に知悉し、通暁していたのだろうが、荻島はむしろ法令の条文そのものにはほとんど関心がなく、ただ人間を、あるいは世の中を動かしているのは何かということに——また人間を、あるいは世の中を動かすにはどこをどうしたらいいのかということに——関心があった。実際、そのようにして荻島は、児童手当制度を、また老人保健や廃棄物処理法を、その他多くの領域を動かしていったのだった。（ある著名な年金学者が荻島を評して、「かつて１人の天才官僚が、通知１枚で医療の世界を変えてしまった」と述懐しているのを聞いたこともある。）

荻島は、いつも先を見据えていた。「俺たちは、これから力を発揮するんだ」と部下を叱咤しながら、瀕死の児童手当を蘇らせた一連の政策場面を間近でみることができたのは、私にとって幸せだった。それはまさに人が動き、世の中が動きはじめる瞬間でもあった。

\* \* \*

あれから四半世紀が経って、私は税制上の細かい要件のことなどを気にしながら、個人年金保険についての本を書くことになった。

いや、むしろこのテーマについては、これまで10篇近くの文章を書いてきた。しかし個人年金保険のことなど、誰も本気で関心を示さないようであり、もう放っておくのが良いテーマとも思われた。

ところが近時、私的年金への関心が再び急速に高まって、そのなかで税制優

遇の必要性が強調されるようになった。しかし「自助努力への支援として、私的年金に対する税制優遇を」というだけですむほど単純な話でもないのではなかろうか。税制自体もそうであるし、私的年金と称されているものも多種多様である。とりわけすでに一定程度は普及している保険会社の個人年金保険について、どこまで知られた上で、あるいは理解された上で、議論がされているのだろうかという疑問があった。

　いいかえれば、あの精緻な壁面を書き換えるだけの議論になっているのだろうか。そのことで、人がどう動くのか。そのことで、世の中がどう動くのか。それらを見極めて、覚悟と確信をもってあの壁面を書き換えようとするのであれば、その前にまずきちんと参照するべき事柄が、たとえば諸外国よりも身近にあるのではなかろうか、と思わざるを得なかった。

　そういうわけで、個人年金保険に関してこれまでに書いた諸論稿を集めてみた。はじめはそれらをそのまま並べて出版することで、議論の手がかりだけでも提供できればと考えていた。

　しかしこの間、政策状況も変化した部分があるし、商品内容が変わった部分もある。依然として妥当する内容も少なくないものの、初出をそのまま使えるものはほとんどなく、結局は大幅に書き直し、また新規に章立てして書き加えることとなった。（ただし比較的最近に書いた、第3章および第7章は、初出の内容がかなり維持されている。）

　ただ、昔の文章の埃を払っているうちに、以前とは少し違った角度から、物事がみえてくるような気もした。とくにポスト近代社会の波と、高齢社会の波とが融合して、年金をはじめとする社会保障という岸辺に到達しつつある様子と、あわせてそこに日本的な特質というべき要素も垣間みえてきたように思う。

　それらを率直に問題提起することで、個人年金保険の商品内容の紹介とあわせて、年金や社会保障に関する諸検討の手がかりや、議論の素材となれば幸いに思う。

　何が人を動かすのか。何が世の中を動かすのか。それは、決して単純ではないように思われる。多くの要素や要因が複雑に絡み合って、人や物事は、動い

あとがき

たり、動かなかったりする。
　そしてそれらを分析するだけでも、1つの学問的な方法論では及ばないように強く感じる。本書に即していえば、法律学や保険論、経済学、その他の文明論やら哲学やら、多くの領域の知見をいかにもパッチワーク的に散りばめているのは、そうせざるを得なかったからである。
　あらゆる手段や方策を駆使して、事柄にアプローチすること。それが政策論と呼ぶに値するものになるか、それとも雑多な内容の混沌とした寄せ集めに終わるか。結局のところそれは語り手の力量によるのだと、落ち込みながら書いたのが本書でもある。

　　　　　　　　　＊　　　　　　＊　　　　　　＊

　私が最後に荻島國男と会ったのは、亡くなる3ヶ月前、1人で築地のがんセンターを訪ねたときだった。
　荻島は現在取り組んでいる治療の内容や手順について説明してくれた。いつものように淡々と、科学的に、ぶっきらぼうに。それを聞いて、思わず発してしまった質問を私は今でも後悔している。
「それで、そのあとはどうなるんですか？」
「そのあとは……うーん、わかんない」
　がん末期の患者に、こんな間の抜けた質問をする人はいない。しかし荻島のことを知っている人なら、きっと分かってくれるだろう。治療がうまくいかないとか、病状が回復しないとか、ましてや荻島が死ぬなんていうことは、およそ考えられなかったのだ。
　私はそのとき、企業年金の実務に携わっていた。（数年後、私はいわゆる生保破綻を引き起こす予定利率問題の渦中に放り込まれることになる。）病室で、私はいま取り組んでいる企業年金の意義について、自分の考えを語った。通常ならたちまち論破されるところ、いつになく元気のない荻島が（当たり前である）、珍しく黙って話を聞いてくれるのをいいことに、私は調子に乗って自説をまくし立てたように思う。
　しかし話をつまらなさそうに聞いていた荻島は、ある時点で突然、いつもの

詰問するような調子で早口でいった。「誰かが何かをして、それで誰かがまた何かして、ものを作ったり売ったり買ったりして、それでつながりができて、流れができて、世の中っていうのはそういう風に動いていくんじゃないの？」

私は何をいわれているのか、まったく理解できなかった。迫力に押されて、真意を問うこともできず、「はあ」と答えるしかなかった。

何度も頭のなかで思い出してみるが、今でもうまく理解できない。年金の話とどうつながっていたのかも分からない。私にとっては、最後のメッセージであったのに。しかし思い返せば私は役所にいたときから、いつも荻島のいうことが理解できず、怒られてばかりいたのだった。

それでも本書を書き終えて、ほんの少しだけ、荻島がいおうとしたことに近づけたような気がしている。

＊　　　　　＊　　　　　＊

本書の内容については、初出以来、数多くの方々に負っている。

とくに個人年金保険商品については、日本生命保険、ニッセイ基礎研究所の皆様から多々教えていただいてきた。またそこでの研究会やプロジェクトでご一緒したのを機縁として、その後も親しくさせていただいている森戸英幸先生、臼杵政治先生には感謝に堪えない。広く年金についてという意味では、厚生労働省（旧厚生省）、生命保険協会や各保険会社の方々から、多くを学ばせていただいてきた。もちろん本書の内容は、それらのご教示いただいたさまざまな事柄を参考としつつ、研究者としての立場で、私自身の考えにもとづいてまとめたものである。

本書の一部分は、2001年2月に早稲田大学大学院社会科学研究科に提出した修士論文に由来する。当時、ご指導いただいた久塚純一先生ならびに諸先生方には改めて御礼申し上げたい。

さらに本書のもっとも古い部分は、2000年1月に、関西社会保障法研究会で報告した内容に由来する。拙い報告であったが、そのときに西村健一郎先生、菊池馨実先生に温かく励ましていただいたことが、今日まで細々と研究を続けられる1つの機縁になっているように思う。

あとがき

　勤務先の法政大学においては、同僚の先生方との交流からも多くを得た。とくに鈴木宗徳先生や仁平典宏先生との合同ゼミや読書会でいろいろ学ぶ機会を持てたことを幸せに思う。

　法律文化社・編集部長の小西英央さんには、前著に続いてまた多大なお世話になった。もともとこのテーマは、私としては「次の次」くらいにまとめようと思っていたものだった。（私の場合、それは非常に遠い将来になることを意味する。）しかし小西さんは、このテーマについて優先的に執筆を進めることを強く勧めてくださり、結果としてこの時期に本書をまとめることができた。

　最後になるが、つねに変わらず支えてくれる、妻、下夷美幸に感謝したい。

　　2015年2月

　　　　　　　　　　　　　　　　　　　　　　　　　　　　長沼　建一郎

# 索　引

## あ　行

一括支払　35, 38, 41, 45, 53, 59, 87, 143
上乗せ（機能）　106, 128, 140, 182

## か　行

解　約　35, 41, 45, 53, 59, 72, 87, 139, 141, 142, 156
確定拠出年金　26, 51, 61, 67, 72, 132, 149, 166
確定年金　31, 39, 52, 56, 71, 81, 86, 92, 95, 131, 169
家族的類似性　79
逆選択　15, 35, 84, 91, 135, 156
逆方向での所得再分配　105, 114, 126, 132, 135, 145
厚生年金基金　65, 84, 136, 166
公的年金等控除　60, 147
国民年金基金　25, 51, 149
個人年金保険料控除　57, 69, 74, 100, 128, 138, 146

## さ　行

財形（年金）　26, 51, 148, 150
自己選択　108, 119
死亡一時金　29, 41
死亡保険金　29, 39, 41
死亡率　14, 23, 33, 34, 37, 71, 76, 92, 155
社会的所有　123, 181
社会保険料　103, 111, 149
終身定期金　164
終身年金　13, 31, 37, 53, 56, 61, 71, 81, 83, 86, 92, 94, 113, 117, 124, 129, 134, 140, 147, 152, 153, 164, 167, 169
終身年金の過小需要　13, 84, 165
所得再配分　6, 106, 166
生存確認　37, 40, 95, 154
生存保障重点型　43, 70
生命保険料控除　57, 100, 150
ソフト・パターナリズム　118

## た　行

つなぎ（機能）　95, 107, 128, 140, 182
低金利　37, 66, 154, 157, 164, 178
トンチン効果　43, 170
トンチン年金　33, 87, 163, 167

## な　行

長生きリスク　83, 93, 160
認知症　174, 186

## は　行

分離均衡　114, 119
ペナルティ・デフォルト　118
変額（年金）　24, 25, 155, 156
保険事故　12, 30, 41, 70, 72, 80, 109, 147, 180
保証期間　15, 32, 39, 81, 88, 92, 134, 137, 140, 168
ポスト近代　178, 184

## や　行

有期年金　16, 32, 53, 89, 138, 168

## ら　行

リスク社会　182, 185
リベラル・デモクラシー　121

■著者紹介

長沼 建一郎（ながぬま・けんいちろう）

1959年　東京都生まれ
1984年　東京大学法学部卒業
　　　　日本生命保険相互会社、厚生省社会保障制度専門調査員、ニッセイ基礎研究所主任研究員、早稲田大学大学院社会科学研究科博士課程単位取得退学、日本福祉大学教授などを経て、
現　在　法政大学社会学部教授。博士（学術）。

[主な著書]
『介護事故の法政策と保険政策』（法律文化社、2009年）
『医療・福祉を学ぶ人のための法学入門』（共編著、法律文化社、2012年）

Horitsu Bunka Sha

個人年金保険の研究

2015年4月10日　初版第1刷発行

著　者　長沼建一郎
発行者　田靡純子
発行所　株式会社 法律文化社
　　　　〒603-8053
　　　　京都市北区上賀茂岩ヶ垣内町71
　　　　電話 075(791)7131　FAX 075(721)8400
　　　　http://www.hou-bun.com/

＊乱丁など不良本がありましたら、ご連絡ください。
　お取り替えいたします。

印刷：亜細亜印刷㈱／製本：㈱藤沢製本
装幀：仁井谷伴子
ISBN978-4-589-03675-9
©2015 Kenichiro Naganuma Printed in Japan

JCOPY 〈㈳出版者著作権管理機構 委託出版物〉
本書の無断複写は著作権法上での例外を除き禁じられています。複写される場合は、そのつど事前に、㈳出版者著作権管理機構（電話 03-3513-6969、FAX 03-3513-6979、e-mail: info@jcopy.or.jp）の許諾を得てください。

長沼建一郎著
# 介護事故の法政策と保険政策
A5判・398頁・5000円

介護事故をめぐる法的紛争の構造を裁判事例を中心に考察する。法政策と保険政策とが交錯するなか、事故による損害の保険スキームによるリスク分散のあり方も含め、法的紛争としての介護事故への総合的視点と政策的対応を提示する。

堀 勝洋著
# 年 金 保 険 法〔第3版〕
―基本理論と解釈・判例―
A5判・672頁・7200円

年金保険法の体系全般にわたり、その制度趣旨および・目的を丁寧に解説した最新版。第2版刊行後の法改正をふまえ、60頁増となる大幅な加筆・修正を行った。まだ施行されない諸法は、旧法と併記した。

江口隆裕著
# 変貌する世界と日本の年金
―年金の基本原理から考える―
A5判・258頁・3200円

高齢社会のもとで進む世界の年金改革の動向をふまえ、わが国の制度を基本原理から根源的に考察し、その全体像と課題を提示する。国家財政にもかかわる広がりと深さをもった複雑な年金制度への疑問をすべて明らかにする。

大原利夫著
# 社会保障の権利擁護
―アメリカの法理と制度―
A5判・314頁・6000円

意思決定の支援として権利擁護について、その法理と制度が発達しているアメリカを比較法研究の対象とし分析する。日本において受給者の主体的意思決定の支援をどのように実質的に保障すべきかへの示唆を探る。

山下慎一著
# 社会保障の権利救済
―イギリス審判所制度の独立性と積極的職権行使―
A5判・336頁・6700円

イギリスにおける社会保障法領域の権利救済システムを「独立性」と「職権主義」という分析軸を用い、実証的・理論的に解明。比較法分析によって日本法への示唆を得るとともに、法的権利救済制度の構築へ向けた理論モデルを提示する。

ウィリアム・ベヴァリッジ著／
一圓光彌監訳・全国社会保険労務士会連合会企画
# ベヴァリッジ報告
―社会保険および関連サービス―
A5判・310頁・4200円

日本の制度構築に大きな影響を与え、社会保険の役割と制度体系を初めて明らかにした「古典」の新訳。原書刊行後70年が経過し旧訳を手にすることができないなか、監訳者による詳細な解題を付し、歴史的・現代的な意義を再考する。

―法律文化社―

表示価格は本体(税別)価格です